［あじあブックス］
063

北京を見る読む集める

森田憲司

大修館書店

はしがき

一九九〇年ごろの話だが、『全国汽車客運時刻表』（全国長距離バス時刻表）という本を買った。日本の中国書専門店の店頭価格で千四百円強だったから、けっこういい値段だ。全国に高速道路網がはりめぐらされるずっと前のことで、中国にいる間に全省を旅行することを狙っている留学生の諸君や、一ヶ月何元であげるかを競っている個人旅行ガイド片手の若者たちにとっては、便利な本だろうが、鉄道は軟座《グリーン》、市内はタクシーという年齢になってしまった私にとっては、長距離バスの時刻表など、現実の役には立ちそうにもない。それでも買ってしまったのは、中国にまつわる面白そうな本ならなんでも欲しい、ただそれだけのことだ。欲しいのは本に限らない。字のある物、とくに印刷された物なら、なんでも欲しくなってしまう。

話は、一九七九年にさかのぼる。

この年に、私ははじめて中国を訪れた。大学で東洋史を専攻したものの、中国大陸へ旅行することができるなどとは夢にも思わなかった世代だから、「中国に来れた」というだけで感動もので、成田からはじまって、目に入るものはなんでも写真に撮りまくり、まだ木造部分の目立つ旧北京空港に降り立ってからは、本職の東洋史関係の本はいうまでもなく、地図、各観光地の入場券やパンフレット、ビールのラベル、マッチ箱、タクシーの領収書、兌換証明にいたるまで、字のあるものならなんでもかき集め、持って帰った。わずか十日間の旅行だったが、帰りには、中国で買った本の重さで、トランクを持って東京駅の階段を登りきれないという結果とあいなった。

この旅行以前から、本は商売道具だから当然として、その他にも、地図はもとより、時刻表や電話帳、あるいは図書館用の図書台帳などなど、日本国内で入手できるものについては、いろいろと集めてはいたが、おのずから限界があり、現地で手にはいるあれやこれやの魅力は、やはり抜群だった。そのうちに、中国の対外開放の度合いが高まり、私の旅行の方も、年二回三回と行けるようになった。しかも、改革開放政策のおかげで、買えるものの種類も増え、あちこちにガラクタ市場も出現してきた。

ところで、かつて北京に、コマースクリエイトという「便利屋」業務を営んでおられた、根箭芳紀《ねやよしき》さんがおられた。発行しておられた日本語フリーペーパー『北京かわら版』の誌面改革を考えておられた根箭さんから、そうした「もの」や、北京をはじめとする中国各地で見かけた光景の中から、面白そうな話題をみつくろって、コラムにしないかというお誘いがあった。一九九二年の秋、日壇公園での爆風スランプの北京コンサートの前日、当時駐在員の溜まり場だった東三環路の「兆治」のカウンターでのことだった。「中国を集める」と題した連載は、翌九三年初めからはじまった。

残念なことに根箭さんは、一九九八年に亡くなり、『北京かわら版』は二〇〇一年に休刊となった。ありがたいことに、やはり北京で発行されている日本語フリーペーパー『北京トコトコ』の編集長、大西邦佳《くにか》さんから、うちで継続しないかというお誘いがかかり、「中国を見る読む集める」と題して、今日に至っている。何度かピンチはあったが、なんとか一度も休載することなく、二〇〇八年六月で、通算一六二回となった。この連載がこの本のもとになった。なお、根箭夫人の直子さんによって、『北京かわら版』全号の復印が、二〇〇三年に刊行されている。主要図書館に寄贈されているので、興味をお持ちの方はご参照いただきたい。

しょせんは短期の旅行者としてしか中国に来たことのない身、そのわずかな旅行期間での買いあさりと、あとは日本での収集、そして文献からの知識だから、どう考えてみても、現地在住の方に及びもしないことはわかりきっている。こうしてあれこれ書いてはみても、集めたもの、見たものに対して、どこかピントのずれた解釈や思い入れをしてしまっているに違いないと思っている。この一五年間の連載を引っ張り出してきて本にしようと思ったのも、現地に滞在しておられる、あるいはおられた皆さんから、それはこうなんだよとか、そんな事はない、こんな例を知ってるよ、といったお教えをいただけるのではないかという期待ゆえでもある。

なお、この数年の北京行きは、文部科学省や日本学術振興会の科学研究費による現地調査のための旅行が多い。その内容の一部はこの本にも紹介しているし、そのための旅行中の見聞によって書けた箇所も少なくない。この本は、こうした研究費による成果の一般の方々への還元という性格も持っていることを、付記させていただきたい。

目次

1 中国収集モノ語り

入場券の話

集票熱

昨今の中国で収集熱が盛んなのが、「票《ピャオ》」だという。彩票《ツァイ》（宝くじ）、股票《グー》（株券）、門票《メン》（入場券）、糧票《リャン》、などなど。

彩票と股票にはあまり興味がないが、昔の股票は以前から古物市場で見かけた。彩票の方は、中国で宝くじがはじまってまだそんなに日が経ってはないはずだが、名前があげられているのを見ると、もうコレクターが出てきたらしい。私は、門票、つまり入場券については、集めるというほど熱心ではないが、これまで使った入場券はずっと残してきている。たしかに、中国の古物市場では以前からよく見かける商品だ。

糧票、つまり食料切符については、コレクションというだけでなく、制度そのものに前から興味があったのに、不思議と縁がなかった。いつの頃だろうか、内城の西郊月壇《げったん》にある切手市場で糧票を売っているのを見かけた時には、やはりコレクターがいるんだなと思ったし、いろいろな糧票を見ることができてうれしかった。

以下、「票」をはじめとする「紙」集めにかかわる話題から、お話をはじめていきたい。

入場券を集める

紙に字のあるものならなんでも好き、薬の説明書でも結構、という人もいるらしいが、同じ集めるにもやはり好みというものがあって、なんでもかでもというわけにはいかない。たとえば、コレクターがかなりいる箸袋には、とんと興味がわかない。私が、本や刷り物といった「ちゃんとした物」以外で好きなのは、入場券の類だ。もう四〇年以上、自分の行った展覧会や施設の入場券は残している。入場券はカサが低いので、引き出しに詰め込んだままでとくに整理もせずに放っておけるので、気を使わなくてすむのが、私に向いているからだろう。

入場券が気になるのは中国でも同様だった。私が行きはじめたころの中国では二重通貨制度がおこなわれていて、我々外国人は、両替をすると「外貨兌換券《だかん》」という紙幣に交換されて、それを使うこととなる。多くの施設の入場料や旅行費用には、「内賓」(一般の中国人)、「港澳同胞」(香港・マカオの中国人)、「外賓」(外国人)のランク付けがあって、外賓は特別料金を徴収された。たとえ

故宮博物院の入場券

ば故宮では、金（外賓用）、青（全施設参観可）、赤（特別陳列室は入れない）と入場券に三種類あって、そのセットを作るのに、地面に落ちているのを探したこともある。故宮は入場金額や料金体系がよく変わったので、前は外賓用だったものが、次に行った時には内賓用に使い回しされていたりして面白かった。その点、あとで紹介する北京地区の博物館年間パス、「北京地区博物館通用年票」は、「外賓料金」と関係なく使えるので重宝したのだが、入場券が残らないのが不満だった。団体旅行の時も、旅行社の伝票で入るのでやはり券が残らない。そんな時は、捨ててある入場券を拾うことにしていた。

入場券のコレクションは中国でも盛んで、交換会などもあるようだが、見聞したかぎりでは、未使用の入場券をアルバムに入れてみたり、束のままで集めたりしているようで、ちょっと趣味が違う。マッチのラベルなどでも、刷り上がったばかりで、貼り合わせたり折り曲げたりしていない、印刷物のままなのを喜んでいるのは気が知れない。好みの問題だし、投資としての要素もあるのだろうからどうでもいいのだが。

入場券集めで困るのが、中国ではどこも破り方が雑で、そもそも半券を渡す気などなさそうなことだ。入口での手渡し方を工夫して、手もとに半券が残るように試みるのだが、これがなかなか難しい。残せても、ミシン目が入っていないのが多いから、破れ方が汚い。ましてや、公園（たとえば紫竹院や労働人民文化宮）の入場券や地下鉄の切符のような小さなものは、向こうも取ってしまうのが当然と考えているらしいから、手もとに残すのはもっと難しい。

北京地下鉄の半券

そんなに欲しいのなら、日本円で考えれば安いものだから、もう一枚買って残しておけばいいのだが、それでは面白くない。なんとか、実際に使った物で残したいと考えてしまう。

たとえば地下鉄の切符だが、北京の地下鉄では改札口で駅員が手で半分を破り取ることになっている。しかし、普通はそのまま全部持っていかれる。ある年、地下鉄に乗るたびに、半券を確保する実験をしてみたことがある。結局、勝負は気合いの物で、こちらがその気になって手もとに引き寄せれば、切符は残った。しかし、滞在の後半、気がゆるむと取られてしまうようになった。そのようにして手もとに残ったのが、図版にした一枚という次第。

その後、地下鉄の料金も変わり、新しい路線もできた。このごろの切符は前より大きいし、印刷もしっかりしている。さらに、チャージ式のカードまで出現した。そして、二〇〇八年六月には、とうとう自動改札機が導入された。これで、手もとに切符が残らなくなった。とっくに廃止された外貨兌換券はもとより、「一分」「二分」などの「分」額面のお札も古物市場で値が付いている昨今のことだから、図版の切符もそのうちに骨董的価値？　を有するようになるかもしれない。

北京地区博物館通票

「北京地区博物館通票」というものがある。「通票」は、「共通パス」という意味で、昔は「年票」（年間パス）という名前だった。北京地区のたくさんの博物館で一年間通用する。この「通票」もずいぶん変化してきているので、誰かが書き残しておくことも意味があるだろう。

たとえば、二〇〇七年末に売り出された二〇〇八年度版の場合、対象になっている博物館が八四、ただし、割引の内容は、半額券だったり、まったく無料だったり、安くなる人数も、一人だったり三人だったりする。ほかに、遊園地や劇場が一四、それに西単《シーダン》の北京図書大廈《たいか》の割引券と、マクドナルドのサービス券がついている。これで売価は八〇元。全部使いきれば二六〇〇元のお得というのが、うたい文句だ。

私がはじめて年票に出会ったのは、一九九二年のことだったと思う。白塔寺の切符売り場で、半

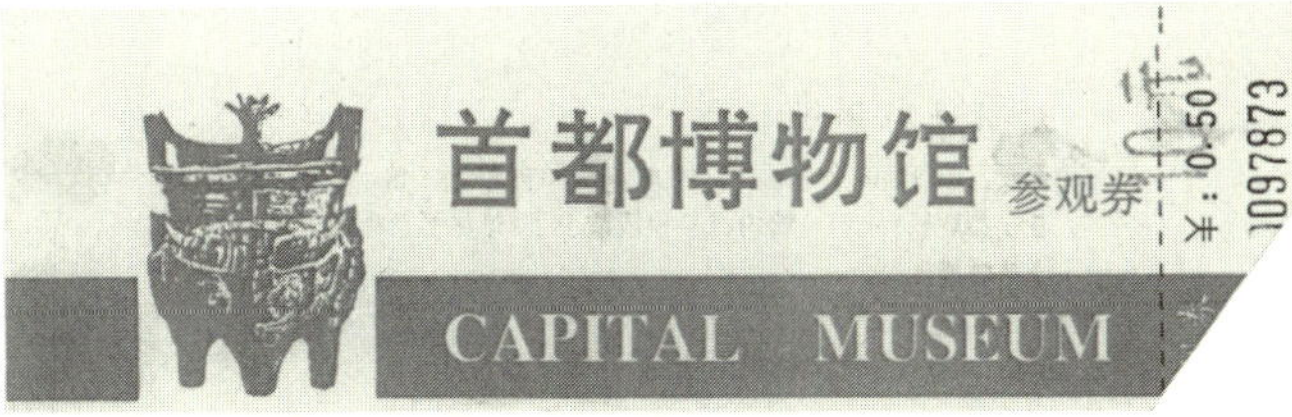

首都博物館の入場券。「¥：0.50」（５角）の上に「10元」のスタンプが…

額販売の張り紙を偶然見かけて買った。定価一〇元が、九月で残りの使用期間が短いためか、半額の五元になっていた。今と違ってまさに「年」票で、入場回数の制限はなく、五〇弱の博物館に好きな回数だけ無料で入場できた。しかも、参加していなかったのは、故宮、雍和宮《ようわきゅう》、白雲観、梅蘭芳《メイランファン》記念館くらいだったと思う。歴史博物館（今の国家博物館）、革命博物館、軍事博物館、民族文化宮などの大型の博物館も、すべてこのパスで入れた。私の北京滞在中の主な用事は、本を買うことと博物館や史蹟に行くことだから、ずいぶん役に立つ。最初見たときは、話がうますぎるので、正直ウソだろうと思った。

当時の博物館の入場料金は、一元あるいは五角の所もあったから、いくら出入り自由でも、私のように一週間くらいの滞在では年票は採算が合わないと思われそうだが、当時は悪名高い外賓料金というものが健在で、少し有名どころの施設は、外賓だと五元、一〇元が当たり前だった。手もとに当時の首都博物館（孔子廟《こうしびょう》）の切符が残っているが、五角の上に一〇元のスタンプが押してある。もっとひどい例では、北京ではないが、ある古蹟で、入場料の「元」が「美元」（米ドル）に、我々が

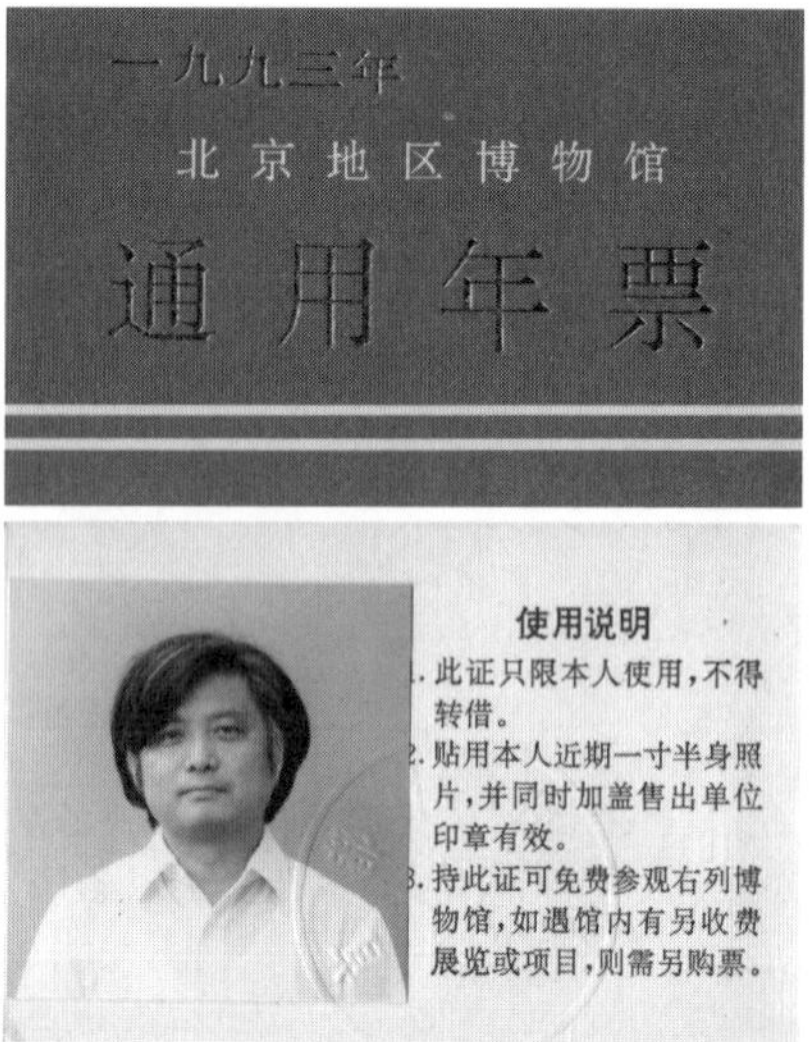

1993年版の「通用年票」。横長の用紙を三つ折りにしたもので、表紙の裏面に証明写真を貼付する

着く直前に書き換えられていたこともあった。そんな時代だから、滞在期間が短くても、充分にモトが取れた。それよりなにより、外賓料金を払わなくてもいいというだけで、気分が良かった。

そのころの年票は紙製で、使用者の顔写真を貼ることに決められていたが、白塔寺で売っていたのは、機関贈呈用の年票で、写真不要で大きな印章が押されているだけだった。入口で提示したら、写真がないと文句を言われたこともある（たしか徳勝門）。次の年からは、北京で最初の用事は「年票」を購入することになって、春の北京行きには、証明書サイズの写真を用意した。

『北京博物館年鑑』（北京燕山出版社）によれば、年票は一九九〇年から発行されていたらしい。九一年には五元だったとある。九五年には発行が一時停止されているが、その時には、さすがにあの値段では採算が合わなかったのだろうと、納得してしまった。そして、発行再開後は、入館回数に制限が加えられるようになり、ほとんどの施設は、三回までということになった。ただし、一度に三人で使ってもいい。九七年か、九八年からは、材質がプラスチックカードに変わって、貼付された磁気テープに入館回数が記録されるようになった。しかも、きれいなデザインのカードが何種類も発行された。コレクション・アイテムとしての価値を持たせて、セットで売ろうというわけだ。これもまた、博物館側の読み取り機がまともに作動しないという、いかにもの場面がよくあった。

手もとに残っているものでは、二〇〇二年版は、各施設一枚ずつの絵葉書スタイルのと、二施設裏表のトランプくらいのカ

1999 年版の「通用年票」。プラスチック製の磁気カード

2008 年版の「通票」。博物館ガイドブックになっている

ードスタイルのと二種類ある。絵葉書が九〇元、カードが八〇元。使うたびに隅を切り取るようになっているけれど、絵葉書のを使う人がいるのかどうか。ばら売りされないように、ケースがないと使えない規程で、ケースが「通票」、各カードが「副票」ということになっていた。そして、ここ数年の「通票」は文庫本くらいの大きさで、博物館のガイドブックの形になっていて、使用した施設の頁にスタンプが押される。この冊子は北京の博物館ガイドとして、かなり役に立つ。

変わったのは、「通票」の形だけではない。対象となっている博物館も変わった。歴史博物館(国家博物館)をはじめ、市内中心部の大型博物館が軒並み対象外になったのに対して、テーマ別の小型の博物館が増加しているし、最近では郊外の自然景観地区や、テーマパークの割引券が増えた。ただし、発行母体が北京市文物事業管理局(北京市文物局)と北京博物館学会なのは、発行当初から変わらない。

もっとも、今年になって、文物関係の新聞で博物館の全面無料化が話題になっており、北京でも春から実施されつつある。この無料化が定着すれば、今年の「通票」が最後の「通票」になるかもしれない。

糧票の話

糧票とは

糧票《リャンピャオ》といっても、このごろでは北京に在住の日本人の方たちですら、ご存知ない方が多いらしい。「老北京《ラオベイジン》」（といっても、この場合は一九八〇年代の北京を知っている人だが）と、新世代との違いの一つは、糧票を知っている（使ったことのある）世代と、知らない（使ったことのない）世代、そして次の切れ目は「外貨兌換券」を知っている（使ったことのある）世代と、知らない（使ったことのない）世代、ということになるかもしれない。

文献で調べてみると、北京市で糧票の制度がはじまったのは、一九五三年一一月のことで、一九九三年の五月に廃止されたそうだから（上海市でも九三年に廃止されたらしい）、約四〇年間継続していたことになる。私が個人旅行で中国へ行くようになったのは一九九一年からで、それ以前は、

1972年の上海市の糧票

旅行社丸抱えツアーの旅行者としてしか中国を訪れていないから、糧票を使った経験はもちろん、お目にかかることもなかった。

　もっとも、たった一枚だけ糧票が私の手もとにあった。それが、図版の一九七二年の上海市の糧票だ。この糧票を入手したのは、一九八六年のことで、泊まったホテルの敷地に落ちていたのを拾ったのだが、私にとっては、はじめて見た糧票の現物だった。

　この上海市の糧票の裏には、「この票によって、本市の範囲内で、糧食あるいは糧食製品を購入することができる」と書かれている。正確に言えば、糧票がなければ食糧を入手できない定めになっていた。現在でこそ、食糧は自由に商店で買えるが、昔は定量の配給制になっていて、購入するためには、「糧票」が必要だった。対象になった食料品は、小麦粉や米などの主食だけではなく、時期によっては、油や豆、卵、さらには、肉や菓子などについても、「票」が発行された。

　二〇〇二年七月一二日の『解放日報電子網絡《インターネット》版』（上海）に、裏梁という人の「糧票：記載中国人喫飯的歴史（中国人が食事をすることの歴史を記す）」という文章が掲載されていた。この記事は、上海の人が出版した糧票の図録についての紹介記事だが、その冒頭は、「現在では多くの若い人には想像できないことだろうが、糧票はかつて人々の日常生活と密接な関係があった。長い間、糧票がなければ、少しも出かけることができなかった。もし金があっても、糧店（米穀店）で小麦粉や米を買うことはできなかったし、食堂やホテルに入っても、包子《パオツ》や米飯を買うことはできなかった」と書き出されている。図版の糧票は、タテ二・五センチ、ヨコ七センチ足らずのちっぽけな紙切れだ。後になって私が集めた何種類かの糧票も、同じくらいの大きさだが、これがなくては暮らせないほどの意味を、人々の日常生活に持っていた。

計画経済のもとでは、食料統制のために配給クーポンが発行されるのは普通のことで、日本でも、米の配給制度が機能していた時代には、配給台帳の「米穀通帳」や、外食券（建て前としてはこれがなければ外で食事ができなかった）があって、日常生活に不可欠だったそうだ。もちろん、私の世代では、もう使われている現場の記憶はないが、形式的にはかなり最近まで米穀通帳の制度は残っていたはずだ。

糧票をめぐる謎

しかし、よく考えてみると、図版の糧票は七二年のものなのに、なぜ八六年に地面に落ちていたのだろう。配給切符である限り、期間に限定があるはずだ。誰かが使わずにいた糧票を棄てたのだろうか。原稿を書きながら思い出してみると、この八六年の旅行の時には、農貿市場（自由市場）で包子の買い食いなどをしているが、別に糧票は必須ではなかった。糧票がなければ値段が高くなることはあったような記憶があるが。糧票の機能が、すでに後退していたのだろうか。もしそうなら、北京市で九三年に制度が廃止されたといっても、実質的にはもっと早く姿を消していたのかもしれない。そのあたりのことは、私はよく知らない。どなたか詳しい方にお教えいただければと思う。

さて、その歴史を終えた糧票は、現在ではコレクションの対象となり、昔なら月壇、後には北三環路の馬甸橋《ばでんきょう》に移転した切手市場に行けばたくさん売っていたし、相場も立っているようだ。糧票については、いろいろな研究書や収集ガイドが出ているし、専門の雑誌もあるという。今回、糧票について書くための基礎知識も、『北京糧票簡史』（白少川著、煤炭工業出版社、二〇〇〇）という、糧票のカラー図版がたくさん入ったきれいな本から仕入れた。

疑問として残ったのが、私が以前に月壇の切手市場で何種類か買った糧票が、いずれも「様票《ヤンピャオ》」（見本）と書かれた表紙のついた台紙に貼りこまれた状態のものだったことだ。『北京糧票簡史』に収められた糧票の図版も、ほとんどに「様票」と加刷されている。糧票が、切手や紙幣のようなコピー禁止対象品なので、本に掲載するためにわざわざ「様票」といれたのでもなさそうだ。とすれば、もともと消耗的な性格の強いものだから、現物はほとんど残っておらず、役所などに残っていた「様票」が市場に出てきているのだろうか。それとも、コレクター用に、新たに作ったものなのだろうか。市場で見かける糧票は、どれもが、たった今できましたというような新品だ。

「様票」の加刷入りの糧票

　こんなことをこの本のもとになった『北京トコトコ』の連載に書いていたら、北京に住んでいる友人が、そんなに興味があるのならと、以前に中国の友人からプレゼントされたという糧票の一部を送ってくださった。全体は、タテ一八枚、ヨコ五枚の、切手で言えばシートの状態になっている。この糧票をよく見ると、一九九三年五月と書かれている。先に述べたように、この月に北京市の糧票は廃止されたから、これが北京市最後の糧票になる。元の持ち主の方は、結局使わなかったので、記念にとってあったと聞いた。

　このシートが本来の姿だとすると、古物市場に出てくる何種類かセットになった糧票は、やはり役所や商店用の見本帳なのだろう。糧票については、わからないこと、知りたいことは、まだまだ多い。これからの収集のテーマになりそうだ。

紙銭の話

紙銭とは

中国の昔の本を読むのは仕事だし、それなりに読みこなすこともできるとは思う。しかし、具体的なモノにかかわる内容になると、モノそれ自体を知らないとどうしようもない。動物や植物などもそうだが、人々の日常の暮らしにかかわるもろもろも、やはり家で本を読んでいただけではわからない。これは、日本人が中国の本を読む時の昔からの課題で、江戸時代以来、中華の風俗にかかわる図譜などがたくさん作られているが、実物に接するのが一番だ。

私の関心の対象の一つが民間信仰だから、はじめて台湾へ行った時に、廟の中で使われている宗教関係の品物を見て、これまで本の中でしか知らなかった世界が目の前に出現したのに感動して、いろいろと買い集めて帰った。その後も旅行するたびに、神様関係のモノを買っている。もともとが、文字好き、印刷物好きだから、そちらが中心で、とくに、門神や年画、それに紙銭《しせん》に関心が向いた。

紙銭は、冥銭《めいせん》、冥幣《めいへい》とも言い、文字どおり紙でできたお金の模造品で、死者を祀ったり、神様に願い事をしたりする時に、燃やした煙があの世に届いて死者や神様のお金になるのだという。もともと、死者を葬る際に銭を一緒に埋めていたのが、紙でできた模造品に変わったもので、唐代にはすでにあったと文献に見える。現在使われているものは、銭の形をしたものよりも、紙幣の模造品の方が多い。また、金色や銀色の箔を四角い紙の上に貼ったものや、お金以外にも馬や各種の品物などの絵が刷られている紙が燃やされ、それぞれの用途や形で名称が異なるのだが、ここでは「紙銭」とまとめて呼んでおく。『台湾民間信仰小百科 廟祀巻』(劉還月著、台原出版社、一九九二)には、各種の「紙銭」が詳しく紹介されている。

山積みにした紙銭の束を焼く
(台南・大天后宮)

紙銭の復活

やがて、中国へ旅行する機会も増えてきたが、一九八〇年代には、紙銭はほとんど見かけなかったように思う。唯一覚えているのは、上海の豫園《よえん》の城隍廟《じょうこうびょう》が外国人用の売店になっていて、できのよくない銀紙（四角い紙の上に銀箔を貼っただけのもの）を、ずいぶん高い値段で売っていたことくらいだ。もちろん、封建的な旧習として否定されていたわけだから、町で見かけなくても不思議ではない。やがて少しずつ民間信仰が復活してくると、各地の寺院や廟で、紙を燃やして拝んでいる善男善女の姿を見ることができるようになり、紙銭もお寺や廟の前の露店などで売られはじめた。

とは言っても、売られているのは、香港や台湾の紙銭の粗雑な模造品ばかりで印刷もひどかった。現在でも、紙銭を燃やすことは、禁止されているか、少なくとも奨励はされない行為のようだ。ご先祖の墓参りの季節である清明節のころには、北京の八宝山公墓周辺での紙銭売りの取り締まりの記事が、北京の新聞に載る。まして、製造販売は表だってできることではないから、言い方はヘンだが、「本格的な」紙銭を作るというわけにも、なかなかいかないのだろうと思っていた。

紙銭の復活しはじめのころには、馬糞紙のようなただの黄色い紙だったが、だんだんと昔と同じようにいろんなデザインの物が見られるようになってきた。しょせん燃やすためのものだから、紙も安物だし、印刷も安っぽいが、時代による変化がその図柄の中に見られて面白いので、街で見かけたら買いこむことにしている。ただし、何十枚、何百枚単位を束ねて売っているので（ちなみに、それで数元）、収集用の数枚が欲しいだけの私としては、「札束」が増えて持て余してしまっている。このほかに、葬儀の時には、紙で作った車や電化製品（糊紙《こし》という）を燃やす習慣もあるが、なにしろカサが高いので、こちらは収集の対象にするのはあきらめている。都築響一編『Souvenirs from HELL 香港式・冥土のみやげ』（アスペクト、二〇〇〇）という面白い写真集があるので、興味のある方はご覧いただきたい。

蘇州玄妙観の紙銭　上：100元　下：1000元

人民元の紙銭

では、実際に紙銭を見ていただこう。二〇〇七年の秋に蘇州《そしゅう》の玄妙観《げんみょうかん》で買ったものがバラエティーに富んでいるので、これで紹介してみたい。「額面」は、一分、一元、一〇〇元、五〇〇元、一〇〇〇元、五〇〇〇元、一〇億元、一〇〇〇ドル。店のケースにあったのをひとわたり買ったのだが、すぐわかるように、デザインや紙質はそろっておらず、寄せ集めという感じだ。デザインを見ると、一〇〇〇元が香港上海

蘇州玄妙観の紙銭　1000ドル

銀行のもの、一〇〇元は人民元の一〇〇元紙幣をベースにしているように思うのだが、裏を見ると香港っぽい。一〇〇〇ドル紙幣は、緑色をしていて、これは一〇〇ドル札がネタ元か。発券銀行は冥通銀行有限公司（一分、一元、五〇〇〇元）、天地銀行有限公司（一〇〇元）、天地銀行（五〇〇元）、天地通用銀行（一〇〇〇元、一〇億元）、とこれもばらばらだ。米ドルの紙銭では、普通は発券者が書かれている箇所に"DIFUTONGZHIBI"とあるのは、「地府通紙幣」の意味だろうか。人民元の紙銭では、印は、行長が「天皇《てんこう》」、副行長が「閻羅《えんら》」になっている。とすると、肖像は天皇だろうか。お札そのもののデザインはバラバラなのに、肖像はどれも似ている。燃やすのは束ごとやるから、考えてみればすこぶる景気のいい話だ。

　人民元建ての紙銭を私がはじめて目にしたのは、二〇〇一年の夏休みに中国旅行をした学生のお土産だった。一目見れば、人民銀行券をそのままスキャンして、中央の肖像だけを神様に入れ替えるという作り方だとわかる。この紙銭がどこで作られたものかは、もちろんわからないが、人民銀行券のスキャンという作り方に、時代を感じるとともに、あの世でも人民元が流通するという自信を中国の人々が持つようになったのかと、不思議な感動を覚えたのだった。額面は、五元、一〇元、五〇元、一〇〇元とそろっていた。昔から紙銭の額面は、何億といった巨額なのが普通だが、この紙銭の場合は現実の紙幣と同額面なのもおもしろかった。

蘇州玄妙観の紙銭　上：1分　下：10億元

蘇州の玄妙観の紙銭にいたっては、一分の紙銭まである。二〇枚一束で売っていたのだが、一分札が二〇枚でも二角、現実の世界で分を使うことは、今どきはほとんどない。あの世の物価は知らないが、こんなに小額では、もらった神様やご先祖様も困るだろう。この話を広東出身の知人にしたら、「そんなの聞いたことがない、(蘇州の人は)紙銭のこと、よく知らないんじゃないの」と言っていた。紙銭に使われる紙は再生のぼろ紙かトイレットペーパーみたいなうすい紙が普通で、印刷がずれたり変色したり、ちゃんと印刷されているのは束の

北京の路上の紙銭売り

一枚目だけで、あとは色落ちしているということもよくある。ところが、この一分紙銭は、上質紙にきれいなカラー印刷がされている。この点でも、私がこれまでに紙銭に抱いていたイメージとはかなり異なるものだった。

台湾へ旅行した経験をお持ちの方なら、寺や廟の入口に線香や紙銭を売る露店が並んでいるのを見られたことがあるだろう。私は、福建・広東あたりにはあまり縁がなく、旅行した友人からお土産にもらう程度で、現地の紙銭事情について詳しいことは知らないが、こうした習慣は、中国全体で見ると、南中国でより盛んなようだ。北中国で買ったものでも、発券責任者のサインが、広東語のつづりになっているのがあるから、香港あたりで使われているものを元版にして複製しているのもあるのだろう。

北京に関して言うと、新聞記事では紙銭の販売について書かれているものの、私自身は、黄色い紙を燃やしているところはお寺や廟で見たことがあるが、何かを印刷した紙銭を売っているのを見たことは、ずっとなかった。やっと、二〇〇八年の一月に正月用品の露店で目にすることができた。そして、三月には下町の市場の前の露店で、紙銭をまとめて買うことができた。ただし、蘇州のものとは違って、ねずみ色の粗悪な再生紙に片面だけしか印刷されていない。値段も一束一元と安い。近くに寺があった記憶がなく、どのような用途で売っていたのか、確認できていない。

上：金紙製の元宝　下：金紙製のゴールドバー

紙銭のバリエーション

紙銭は必ずしもお金の形をしているとは限らない。古風なところでは、元《げん》宝《ぽう》（昔の銀塊）を金紙で模した餃子型のものがあるし、金紙製のゴールドバーもある。厚紙に銀粉を塗った銀貨も持っているが、その中には袁世凱《えんせいがい》の横顔が入った民国初年の銀貨の複製？もある。もう一〇年以上前になるが、台湾で現地の新聞を見ていると、ちょうど日本のお盆にあたる中元節の日だったもので、最近の香港の紙銭事情という記事が載っていた。それによれば、もはやお金ではなく、小切手や預金通帳の紙銭を燃やすのがはやっているとか。あの世の経済も現代化しつつあるようだ。

このような最近登場の当世風の物で、私自身が手に入れたのには、株券や糧票、油票がある。図版は、「冥国股行」の五億股（株）の株券で、紙銭同様、印は天皇と閻羅になっている。この株券の図柄は、車と別荘だが、別の株券では、ビデオ、洗濯機、冷蔵庫の三種の神器になっていて、人々の欲望の対象がよく出ている。

また、あの世の糧票は、私の知っているこの世の糧票と比べると、かなり大ぶりになっている。本物同様に西暦が入っていて、一九九一年に作られたことがわかる。九一年と言えば、この世の方ではもう糧票の影が薄くなっている時代なのに、あちら側では健在だったのだろうか。図版では、はっきりしないかもしれないが、右端にホッ

上：「冥国股行」の５億股の株券　下：冥国糧票

チキスの穴があいている。紙銭をホッチキスで止めているのもどこか妙だが、これも当世風かもしれない。これは一九九六年に西安の八仙庵（一九〇〇年の義和団事件の時に北京を逃げだした西太后がここに滞在したので有名）で買った。

対象とする神様や祈願の目的に限定した紙銭もある。図版にしたものはご覧のように「車厄銭《しゃやくせん》」と書かれている。交通事故の災厄を避けるための紙銭だ。これは台湾の台南で入手した。台湾には、こうした特別の目的のための紙銭がいろいろある。私は、台南へ行くたびに、親しくしていただいている紙問屋のおじさんのお店の棚をひっくりかえして、目新しいのがないかと探す。その中にはまだ木版で刷られているのがあって、味わいのある素朴な図柄を残している。ただし、この「車厄銭」の印刷は、ゴム版かなにかのように見える。最近出現した図柄のゆえだろうか。こうした目的を限定した紙銭の多くは、その紙銭を燃やしてお祀りする神様の図を描いたものだが、「車厄銭」のように、祈願の内容に応じた紙銭もある。私の集めたものの中には、白虎や猿のものなどもあり、その干支の年の年賀状で、デザインに利用したり、実物を貼りこんでみたこともある。残念ながら、中国では今のところ、こうした特殊化した紙銭は見つけていない。

車厄銭

古文書は煙と化した？

歴史を扱う者にとって一番大切なのは、史料、それもなるべく同時代の史料で、古文書はその代表格だが、中国には古文書はほとんど残されていない。たとえば、宋王朝は一〇世紀半ばから一三世紀半ばまで約三百年続いた王朝だが、現存する宋王朝時代の古文書は、カラホト遺跡の古文書群が紹介されるまでは、百点をかろうじて超えるくらいしか確認されていなかった。日本だと、平安時代の後半から鎌倉時代にかけての時期にあたるが、この時期の日本なら、相当な点数の古文書が残されている。敦煌石窟から発見された古文書などは例外中の例外だ。だからこそ、貴重な史料として重んじられる。史料としての古文書が残り方の少なさは、中国史研究の大きな特徴となっている。

最近では、中国の古物市場に古文書が出てはくるようだが、量も多くないし、単なる受け取りや、土地売買の文書でも、値段は他の骨董と比べると決して安くない。それでも、熱心な収集家がいて、北京城内の不動産売買文書を集めて、その建物の現況写真と一緒に図版にするというしゃれた図録『北京房地産契証図集』も出版されている（中国奥林匹克出版社、一九九六）。しかし、このような図録類を見ても、収められているのは、古くてもせいぜい清朝の乾隆時代くらいで、それ以前は極めて少ない。日本の古書市場に、戦前にもたらされた中国の古文書が出てくることがあって、そちらのほうに珍しいものがあることも、まま経験する。乾隆と言えば一八世紀の半ば、日本で言えば、江戸時代も後半に入るが、その時代の古文書ならいくらでもあると言っても言い過ぎではない。借金の証文や受け取りなら、紙代だけでとまでは言わないが、本当に安く手に入る。

中国でも日本でも日々体験されているように、役所で作成、消費される文書の数は莫大だったことは、中国歴代王朝の規定を読めば推測できる。だから、もともと中国に古文書がなかったわけではない。では、古文書はなぜなくなったのか。

もちろん、政権の交代にともない戦乱がくりかえされた。二〇世紀には、土地解放の際に、地主の権利のシンボルである証文が抹殺されたということもある。しかし、それ以外にもいろいろな理由がありそうだ。

昔から役所の故紙は売り出されて再利用されることになっていて、宋代にはそれが役人たちの宴会の費用になったという話もある。また、故紙の寸法を切り揃えて、裏に本を印刷することも多かった。こうした本を「公牘本《こうとくぼん》」というが、今日では、逆に本を解体してその裏の古文書を復元することもある。貴重な本を解体するわけにいかないので、歯医者さんのデンタルミラーを中に突っ込んで文字を読みとった研究者もいる。

本になった場合は、裏表は別にして文書は残る。文書が「消滅」してしまった最大の理由は別のところにあるという説がある。それが、爆竹と紙銭だというのだ。爆竹の材料とする紙には、役所や個人の文書の故紙が使われたし、紙銭も、一度使われた紙を漉き返して作った紙が材料だったので、公私の文書はまさに煙と化してしまったのだという。

一時、北京市内での爆竹の使用が規制されていて、物足りない人は春節に郊外へ「爆竹ツアー」に出かけるという話を聞いたこともある。もっとも、二〇〇七年から規制は緩和されたらしい。台湾に行くと、祝儀不祝儀を問わず爆竹が使われているから、たえずドンパチいう音がどこからか聞こえてくる。あるいは、寺や廟で燃やされる紙銭の煙が余りにひどくて、周辺の環境に悪影響を与えるということで、環境規制で、「無煙化廟」を宣言する所も出てきているという。

そんなことを考えると、あの巨大な官僚制国家から排出されていった文書が、それこそ「消滅」したとしても、不思議ではない。

門神と年画

正月を飾る紙々

中国の春節（旧正月）の街並みは、おめでたの色の紅《あか》を中心とした、色とりどりの紙によって彩られる。まず、よく知られているものとして、春聯《しゅんれん》と門神《もんしん》がある。春聯は、縁起の良い文句を紅い紙に書いて、家の入口に貼るもので、左右二枚が対句になっているが、さらに一枚を上に横たえる場合もある。門神は、扉に貼って外からの邪気を払い、福を呼び込むための神像で、やはり左右一対になっている。春聯や門神は、農暦（旧暦）の年末に新しいのを貼ると、正月を過ぎてもそのままにしておくのが習慣で、中国の街を歩いていると、夏が過ぎても年末になっても、はがれかけた春聯がそのままになっているのを見かけることは多い。

さらに、掛銭《グアチエン》（掛箋、掛千）と呼ばれる、これも紅地の、吉祥《きっしょう》文様を切り抜いたり色刷りにし

春聯・福字・門神を貼った民家

た紙が、軒先にぶら下げられ、「春」や「福」の文字を書いた紙が、扉に貼られる。逆さに貼ることがあるのは、倒＝到で、「春（福）、到る」になるからだという。また、商店などでは、「恭喜発財《コンシーファーツァイ》」などの賀春の文句を添えた吉祥図を店頭に貼る。一方、室内にも、さまざまなめでたい画題の年画が貼られる。門神などは年画とは別に扱う人もいるが、ここでは、店頭に貼る吉祥画や飾り物も含めて、正月の吉祥の刷り物ということで紹介していきたい。年画は、肉筆の場合もあるが、色刷りの版画、もしくは単色の版画に手彩色したもの、あるいは顔の部分だけは手書きという例もある。もちろん、今では印刷されたものが普通だが。

年画の歴史

かつての北京では、春節前になると、小屋掛けの年画の店、「画棚《がほう》」が店を出し、胡同《フートン》には、年画売りが「画児来《ホワルライ》、売画児《マイホワル》」と売り声をあげてやってきたという。人々はそれを買って壁に何枚も貼る。正月を迎える大掃除も終り、殺風景になった室内を年画が飾った。

戦前の北京で門神を収集した安藤更生は、「唐土門神録」（『中国美術雑稿』二玄社、一九六九所収）に次のように書き残している。

昭和十三年の旧の暮には北京にゐた。臘八（引用者注、農暦十二月八日、この日から歳末、年始の行事がはじまる）を過ぎる頃から、街々の南紙店や雑貨舗には、紙に刷った新年用の神像類が色とりどりに貼り出された。私は勇み立って寒風吹き荒ぶ燕都の街を歩き廻って、手当り次第に蒐集を開始した。当時同じく早稲田大学からの留学生として北京に居た実藤恵秀教授と二人で、毎日、前門大街の公興紙店や、珠市口、後門外、天橋、打磨廠あたりの南紙店を門並み訪れては買ひ漁った。

北京の画棚（「北京風俗図譜」東北大学図書館蔵）

今では、書店街の琉《リウ》璃廠《リチャン》の書店や古物店に行けば、版画の年画を用いたカレンダーが毎年売り出されていて、年中簡単に手に入るし、骨董屋の中には年代物？ の年画を売っている店もある。北京で売っているのは、天津

武強年画の財神

の楊柳青《ようりゅうせい》と山東の濰坊《いぼう》の物が多いが、蘇州の桃花塢《とうかう》には専門店があるし、西安なら鳳《ほう》翔《しょう》、成都なら綿竹《めんちく》、それに後で紹介する河北の武強《ぶきょう》（「陸官図の話」参照）などと、それぞれの土地で、それぞれの年画が手に入る。

年画という語の文献での初見は、清の道光二九年（一八四九）の李光庭の『郷言解頤《きょうげんいかい》』とされるから、ずいぶん新しい。しかし、辟《へき》邪《じゃ》吉祥のために新年に絵を描く習慣については、古くから記述があり、門神については、後漢の『風俗通』などに記事がある。一方、現存する年画の実物としては、カラホトの遺跡から出土した、「隋朝窈窕《ようちょう》呈傾国之芳容」などの版画や、西安の碑林で発見された「東方朔《とうほうさく》盗桃図」などがあり、いずれも金朝時代の物とされる。

現在の主要な産地の楊柳青や武強では明代から年画の生産が始まり、またもう一つの主要産地、桃花塢のある蘇州も明代には版画の産地として有名だった。蘇州の版画が長崎を通じて舶来し、江戸時代の美術に影響を与えたことはよく指摘される。

清末以降、石版印刷が入ってくると、石版による年画が増えていき、さらに民国時代には、上海ではじまった、多色石版印刷の、多くはカレンダーが刷りこまれた美人画ポスター、中国風に言うと「月份牌《げっぷんはい》年画」が、タバコや薬、化粧品などの景品として登場し、室内を飾るものとしての年画の地位は、この月份牌年画におびやかされることになる。年画のまるまるとした幼児が中国人にとっての子供の理想像なら、月份牌年画には、美人の理想像が描かれている。最近では中国で月份牌年画への関心が高まっていて、コレクターがいるし、古物市場やオークションにも出現する。

月份牌年画をはじめとする各種の年画を見ようとすれば、次に述べる新年画などもふくめて、二〇〇四年に福岡アジア美術館などで開催された「チャイナドリーム」という展覧会の図録が内容豊富だし、台湾の『漢声雑誌』六一、六二号の「老月份牌広告画」という特集（一九九四）は、図版・解説ともにすぐれた図録となっている。

タバコ会社の広告入りの月份牌
(『漢声雑誌』62 号)

古くは太平天国からはじまり、日中戦争、国共内戦、文化大革命と続く中国史の流れの中で、伝統的な版画産地でも、戦乱で版木が失われたり、あるいは旧弊として印刷が止められて、当世風の農民や女性の姿、解放軍の兵士などが描かれた図柄に、生産増強などのスローガンが添えられた「新年画」と呼ばれるものが出現した。しかし、改革開放の進展とともに、中国大陸においても伝統的な年画は復活した。

年画との出会い

私が正月の飾りつけに興味を持ったのは、伝統的な木版画の年画への関心がまず第一のきっかけだった。それと、昔の文献に書かれている正月行事を、モノの方から確認したかったこともある。実際に集めはじめたのは、三〇年前の台湾だったが、すでに木版の年画は「民芸品」「作品」になってしまっていた。

その一方で、実際に使われている年画や門神は、印刷されたものばかりだった。三〇年前のことだから、多色刷り印刷といっても、日本で言えば昔の安物のカレンダーやチラシのような、色ずれの目立つものが多かったし、図柄も、「加冠」（冠《かん》＝官が加わる）、「晋鹿」（鹿《ろく》＝禄が晋《すす》む）のような伝統的なものがほとんどだった。それでも、そのころの私は、文献に載っているものが目の前にあるだけでうれしかった。私の興味は工芸品としての年画だけではなく、実際に生きている年画にも向くようになっていった。また、「集める」という点では、台湾では文具紙製品の問屋へ行くと、春節以外の季節でもある程度は在庫があるが、決して多くはないし、中国では春節前に行かないと難しいことを知った。

「歳末」の廸化街

二〇〇七年の二月二日、農暦（旧暦）では臘月望日《ろうげつぼうじつ》（一二月一五日）の午前、私は台北の廸化街《てきかがい》にいた。農暦の一二月は、だいたいの年には一月後半に来るから、仕事の関係でなかなか時間が取れない。この年は春節の来るのが遅かったので、台湾出張の機会に予定を入れることができた。台湾へ行くようになって二五年、やっと実現したチャンスだ。

廸化街は、最近では日本で発行されているガイドブックなら必ず載っていて、すっかり有名になったが、台北駅の北北西、歩いて一〇分ほどのところにある。この通りには、食料品、とくに乾物を中心にした古い商店街が長く続いている。上野のアメ横を思い出していただいたらいいだろう。いや、一九二〇年代、三〇年代の洋風建築が並ぶ廸化街の方が、アメ横より古いのではないか。この街については、『台湾深度旅遊手冊三　台北歴史散歩』（遠流出版社、一九九一）がすぐれたガイドブックとなっている。

なぜ「歳末」の廸化街か。

台北市民が廸化街に来るのは、「年貨」と呼ばれるお正月用の食料品を買うためだが、私はと言えば、もちろん紙集めのためだ。歳末の台湾へ行きたかった理由は、ひとえに正月用の紙類がたくさんほしかったからだ。そして、現場に行くまで知らなかったのだが、この日は廸化街で迎春の大売出しがはじまる日で、昼前後と夕方に、いろいろとイベントが予定されていた。言葉より、特売

台北・迪化街の正月飾り売り場の店頭

場の写真を見ていただきたい。この豪華さ、紅色と金色、なんともめでたい風景ではないか。

進化し続ける年画

年画の変化の話に戻ろう。実際に使われている正月の飾り物に興味を持って、観察を続けていると、その印刷技法やデザインは、みるみる変わっていき、さまざまな印刷技術や素材を使った年画が登場した。その多彩さ、そして奇抜さに、私の興味は、むしろ今風の正月飾りへと移っていった。正月の飾りには、人々の祈願がこめられているし、なにせ縁起物だから、少々ぜいたくなことをしても価格的に可能だったのだろう。私の記憶では、パイナップル（鳳梨）の登場がまず目に付いた変化だった。「鳳梨」がなぜお正月の縁起物に人気があるのか、「鳳」だけでは納得できず、いまだに理由がわからない。同じ果物でも、ミカン（桔子）がたくさん登場するのは桔《きつ》＝吉でわかるのだが。ご存じの方はお教えいただきたい。

右：ミッキーマウスをあしらったパイナップルの飾り物
左：ミカン・カササギ・キティーちゃんを配する飾り物

印刷技術や素材のことは、私にはよくわからないが、正月飾りは、年々どんどん色鮮やかで豪華になっていった。材質的にも、金色が増えたのはもとより、光を反射する素材がたくさん使われるようになって、めでたさが強調されている。日本へ帰って写真をチェックしてみると、ストロボがはね返されていてデザインがよくわからない写真が、いくつもあった。

さらに、世界のキャラクターが登場するようになった。前の頁の写真ではご覧になりにくいかもしれないけれど、店先に並ぶ飾り物や紅包《ホンパオ》（お年玉袋）には、伝統的な瓢箪《ひょうたん》や財神、さらに新年の干支《えと》の亥年にちなんだ金猪《きんちょ》（金色のブタ）と、おめでたいものがずらりと並んでいるが、そこにミッキーマウスやスヌーピーをあしらったものが混ざっている。上の左側の写真に写っているのは、けっこう大きな飾り物で、横幅が六、七〇センチはある。正月に付き物の梅の花や紅燈籠、「恭禧発財」

や「吉星高照」の文字のほかに、ミカンやカササギ（鵲《しゃく》＝爵）が配されていて、全体としては伝統的な図柄の飾り物なのだが、そこにキティーやメロディーが共存している。

そして、もう一つ気が付いたのは、「立体化」とでも呼びたい傾向だ。この飾り物を見ると、キティーやカササギ、梅の花は、みんなスポンジで本体に貼り付けられている。かなり立体的な飾りつけなのだ。今回買った中には、「恭喜発財」と書いた紙を持った、財神の伝統的な飾り物もあるが、これも、冠につけられた飾りから、手に持つ如意《にょい》や靴の先っぽまで、出っ張っている箇所は、みんな貼り付けてあって、かなりの立体感がある。こうしたたぐいのものは、以前は見なかった。しばらく台湾へ行っていなかった私には、いつごろからの現象なのかわからない。現地の事情をご存じの方にとっては、なにを今さらという話かもしれないが、歳末の迪化街は、私には新鮮で刺激的だった。

二〇〇八年「歳末」の北京

そして、二〇〇八年一月二三日、農暦で言えば臘月一六日に、私は北京を訪れることができた。中国で最初に経験する「歳末」だった。

天壇の東隣に、真珠やシルク、洋品で有名で、北京在住の日本人もよく行く紅橋市場がある。その裏にもう一つ、「紅橋天楽玩具市場」というビルがあるのはご存じだろうか。四階立てのビルの中には、おもちゃだけでなく、文具、お祝い用品などの店が、ぎっしりと並んでいる。年末のこの市場は、どの店も正月用品を店頭に並べて、真っ紅《か》だった。新しい年は、戊子《ぼし》（かのえね）、つまりネズミ年だから、飾り物には各種のネズミがいる。もちろん、アメリカ生まれのあのネズミも、いっぱいだ。

真っ紅なのは、ここだけではなかった。二五日の午後になると、私の泊まっている崇文門《すうぶんもん》に近い新世界百貨店の前の歩道には、紅いちょうちんが張り巡らされ、その下に紅い臨時テントの出店がずらりと並んだ。そこで売られているのは、年画のポスター、立体・平面の飾り物、剪り紙、春聯などなど、こちらもまた、紅一色だった。こうした商業地区だけではなく、街角の小さな市場にも、正月の紙を売る店が一つや二つは店を出していた。

北京・紅橋天楽玩具市場の正月飾り売り場

台北でも北京でも、売られているものはあまりにも多すぎて、持って帰るには限度があるから、ごくごくわずかしか買えなかったが、真っ紅な店を眺めて写真に撮るだけで、私には十分満腹だった。

陞官図の話

陞官図とは

同じ中国で何かを集めるといっても、地図のように同じ物を何枚も集めるのが楽しいという物もあれば、一点手に入っただけでもうれしいという物もある。その一つが、この「陞官図《しょうかんず》」だった。ここまで紹介してきた刷り物と比べると、漢字ばかりであいそがないし、図版を見ても、これが何なのかわかっていただけないだろう（四三頁図版参照）。

一見すると、昔の中国の官職がやたらと並んでいるだけだ。こうしたことに詳しい方が見られれば、清朝時代の官職であることに気がつかれるかもしれない。この刷り物を初めて見た人が、役人の一覧表だと思ったという話があるのも無理はない。これは中国のスゴロクで、科挙を受けて、役人への道を歩きはじめ、出世をしていってやがて天子の最高顧問役の「三公」などの地位に登りつめるまでが、スゴロクになっている。いかにも官僚国家の中国らしいと言えば、中国らしい。スゴロクである以上、実際に遊べなければいけない。サイコロを何個か使って進んで行くものらしいことはわかるのだが、それから先の細かいことがわからない。陸官図は、昔台湾で複刻されたことがあり、ある書店が輸入して、「中国官制研究の基本資料」というキャッチフレーズで売り出した。それには解説書も付いていて、遊び方が書いてあったのだが、複雑過ぎてさっぱり解読できなかった。

武強版画と捻捻転

そういう思い出もあって、昔の木版刷りの陸官図が、前から欲しかった。そして、一九九五年の九月に、故宮の永和宮で開かれた河北省武強県の年画展に遭遇した。河北省の南部にある武強は、昔から年画で有名で、現地には「年画博物館」もあると聞く。故宮の中を歩いていて、偶然にこの展覧会の開会式に出くわした。展示を見ていると、陸官図も何種類か出展されていた。同じスゴロクでも、渦巻状の線に沿って中心に向って進んで行く形式のものがある。武強年画展では「捻捻《ねんねん》転《てん》」となっていたが、『中国民間木刻版画』（湖南美術出版社、一九九〇）では、「鳳凰棋《ほうおうき》」という名前になっている。手もとの辞書には、「鳳凰棋」という単語は見えず、どういういわれの命名か、どの程度広がっているものか、といったことはよくわからない。地域によって違うのかもしれない。ちなみに同じ辞書では、「捻捻転」はコマの意味とある。

会場では、武強年画の即売もおこなわれていて、おなじみの年画カレンダーをはじめ、いろんな版画が売られていた。まったくラッキーな話で、さっそく飛びついて、たくさん買い込んだ。初日のオープンと同時に、百元単位の買い物をするお客が到来したので、売り場のおばさんはニコニコしていた。買った中に、昔の版木を使って作ったらしい陸官図があって、サイコロ代わりに使うコマも付いていた。先のとがった四面のコマで、各面には、それぞれ「徳、財、功、贓《ぞう》」と書かれている。この陸官図を見ると、各官職のところに「徳、財、功、贓」が出たら、それぞれどこへ進むかが書かれている。「贓」は不正だから、これになると官位が下がり、後ろへ戻ることになる。とりあえずは、このコマを回して、その出方で進んで行けば、一応遊べそうだ。これで、懸案だった遊び方の問題は、どうやら一段落というところだろうか。格別に珍しいものではないのだろうが、やはりうれしかった。ただし、実際にはもう少し複雑なやり方があるようで、そちらが本式なのだろう。

陸官図のヴァリエーション

陸官図にもいろいろヴァリエーションがあるようだ。『中国民間木刻版画』には、いくつかの図版が載せられている。「八仙過海」の図柄で渦巻状に中央の龍門まで行くようになってるものや

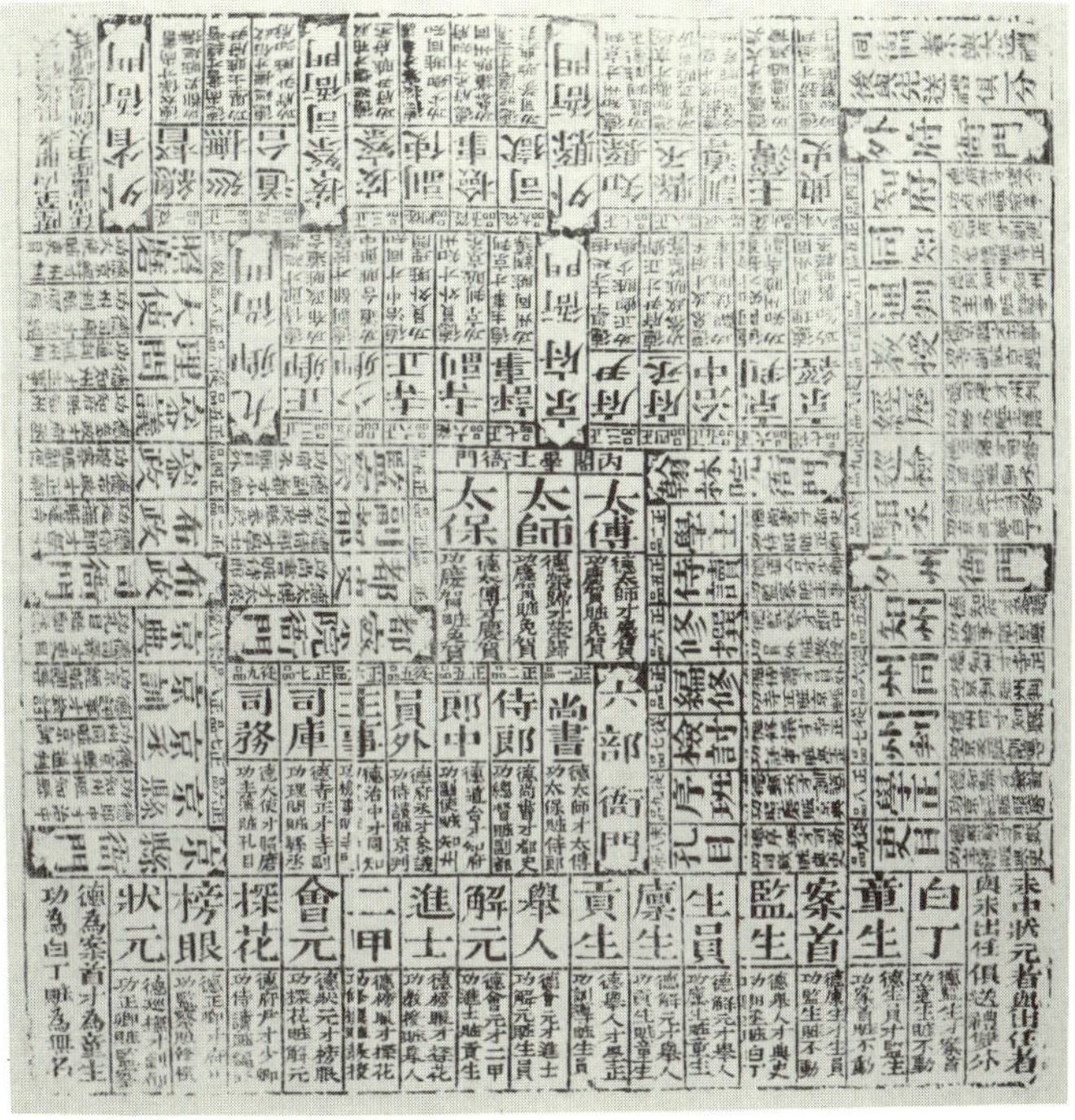

武強版画の陸官図とコマ

(どうも途中で怪物たちと闘うようになっているらしい)、水滸伝の英雄たちを廻るようになっているものも載っている。

それからも何枚かの陸官図を買い足すことができた。とくに、渦巻状に進む「捻捻転」タイプの「八仙過海」の図柄の色刷りを二種類手に入れることができた。これはかねて欲しかったものだけに、うれしかった。さらに、印刷のものだが、『紅楼夢』のものも入手した。枠の外に「民国九年印行」と書いてあるから、一九二〇年のものだ。出版者は「北京第一楼文宝斎南紙店」とある。民国一二年の『増訂実用北京指南』には、「文宝斎」は「廊房頭條勧業場」とある。前門の大柵欄《だいさくらん》の一つ北にあるこの通りに、「勧業場」という市場があったことは、当時の地図で確認できるので、そこにあったのだろう。「南紙」とは、南方の紙の意味で、いい紙は江南からもたらされたので、紙屋はこう名乗った。このスゴロクでは、図面の設計者(編図人)も杭県の人公敏氏とある。このスゴロクの場合、遊び方が中央の「上がり」の場所に書いてあるが、やはりかなり複雑だ。テーマが『紅楼夢』なので、サイコロの紅く塗られている目(一と五)が出るといいらしいことや、籌《ちゅう》(マージャンの点棒のような物か)をやり取りしたらしいこと以外はよくわからない。このようにして、陸官図にも、いろいろあるらしいことがわかり、集めるべき対象がまた増えた。その後、人気役者の番付になっているものや、仏教の教義になっているものなどを入手することができた。

「八仙過海」の捻捻転

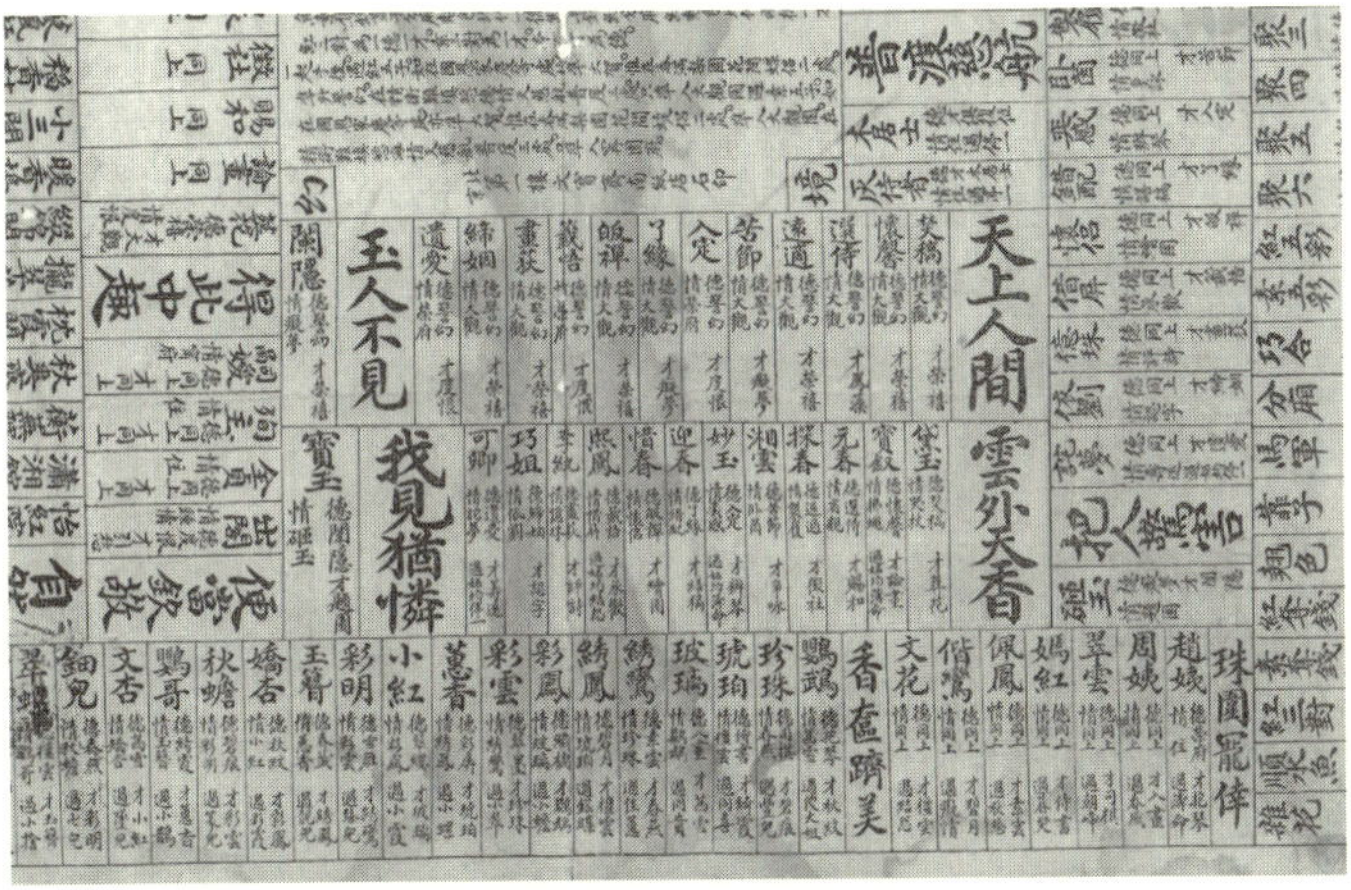

『紅楼夢』の陞官図（部分)。主な登場人物の名前が見える

紅色の陸官図

さて、今どき潘家園《はんかえん》や琉璃廠の古物市場に出回っている陸官図は、民国時代のものならいい方で、古い版木を再利用したか、写真印刷した複製か、飾り物として作られたものばかりだ。ところが、これはちょっと違うぞという気がするものを見つけた。一目見た時から、私は比較的最近に作られたもので、実用品だと考えた。

私がなぜそう思ったかだが、もちろん、版形が小さいとか、紙が安っぽいとかいうのも、そういう感じを与えた一因だが、なんといっても簡体字が使用されているのが目につく。簡体字の多くは民間で昔から使われていた略字を利用したものだから、略字が使われているからといっても、必ずしも最近の物とは限らないが、これだけ徹底して簡体字でできているのは、最近のものに違いない。

それだけではない。この紅色のガリ版を、以前にどこかで見た気がしてならなかった。この原稿を書いている途中でやっと思い出したのだが、それは、文化大革命中の印刷物だった。文革が収束したころ、文革時代に各地で作られたらしい「毛沢東思想万歳」などと題されたガリ版刷りの出版物が、日本の本屋に、香港の書店経由で大量に入荷した。それは、どれもが革命の色である紅色のガリ版で印刷されていた。この陸官図は、それとどこかで通じる風合いを感じさせる。民間で作られ、人々の間で使われたものだと直感したのは、その記憶のせいかもしれない。

では、少しだけでも遊んでみよう。全体図では小さくなりすぎてなにがなんだかわからないと思うので、いちばん最初のスタートの所を拡大してみた。前に紹介した陸官図用のコマの、「徳、財、功、贓」のうち、徳が一番よくて、財、功と落ち、贓は、むしろマイナスになって戻ることになる。スタートの所では、徳なら案主（首席合格）、財は童生（一次試験合格者）、功は白丁（一般庶民）、贓は「不上名」だから参加できずにやり直しというところか。このあたりは、徳で駒が三つ進み、財は二つ、功は一つ、贓は三つバックらしいが、本格的に官僚組織の部分に入

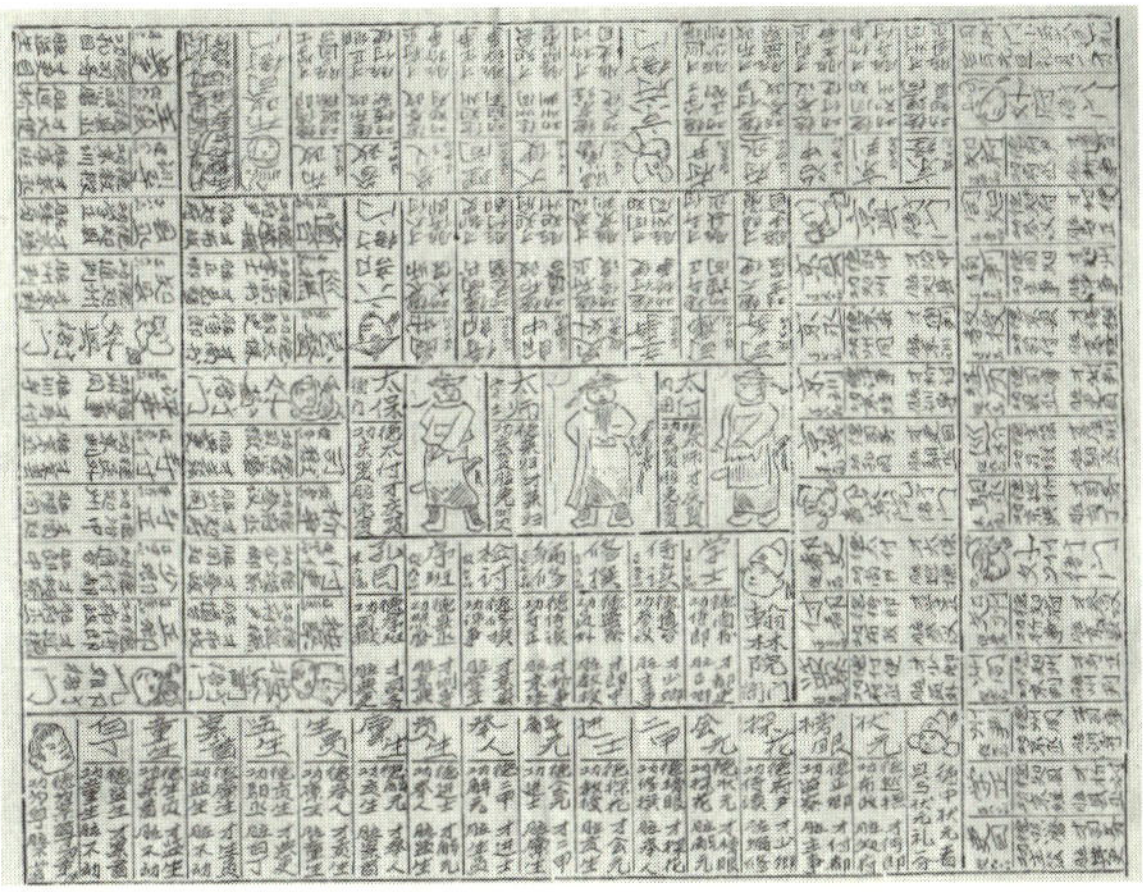

紅色のガリ版刷りの陸官図

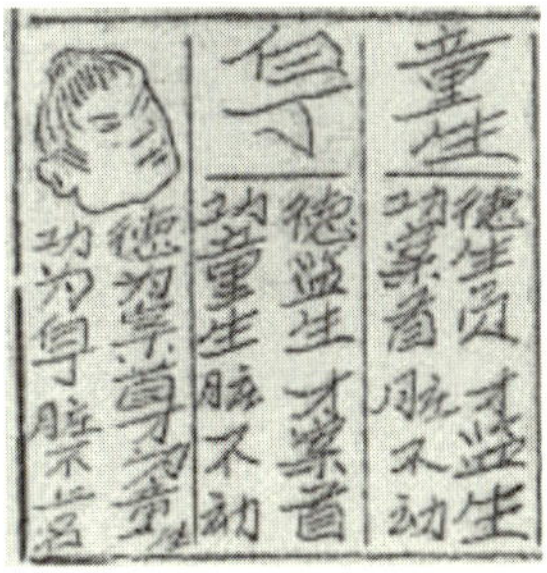

スタート部分（全体の左下隅）

ると、駒は、実際の官僚の出世ルートに応じた複雑な動き方をするようになる。

陸官図を本格的にやろうとすれば、もっと複雑なルール（点棒やお金のやり取り）があったりして難しいことはすでに書いたが、これなら非常にシンプルで、すぐにでもやれそうだ。

韓国と日本の陸官図

ところで、ソウルの景福宮にある国立民俗博物館で、「陞卿図《しょうけいず》」という名前の韓国の陸官図が展示してあるのを見ることもできた。ここでは遊んでいる様子が、人形で再現されている。日本にこの種の物があったことは知っていたが、韓国にもあるとは思わなかったので驚いた。日韓ともに、自分の国の官制に中味が変わっているのはもちろんだ。この博物館は日本ではなじみが少ないようだが、展示に人形を使うなど、見せる工夫がされていて楽しめる。

ソウルで展示されていたサイコロは、長細い直方体に棒が突き抜けたような形をしていて、刻み目がつけられている。河北省武強県の陸官図の場合は、コマのような形をしているから、だいぶ違っている。ほかにもいろいろな形のものがあるかもしれない。どなたかご存知の方がいらっしゃれば、お教えくだされればありがたいのだが。

なお、『東方』の一九九三年一一月号に、増川宏一氏が「中国の盤上遊戯」と題して書かれていて、日本や韓国の同種の遊戯についても紹介されている。

科挙の合格通知

オークションと科挙資料

中国史の大先達の宮崎市定の名著に『科挙』がある。といっても、一九六三年に中公新書で刊行されてベストセラーになった『科挙―中国の試験地獄』（現在は中公文庫）ではなく、一九四六年に秋田屋書店という出版社から刊行されて、平凡社の東洋文庫から『科挙史』というタイトルで復刊されている方の『科挙』だ。

この本の表紙を開くと、真っ紅な図版が目に飛び込む。これが「捷報《しょうほう》」で、科挙の合格通知なのだが、科挙の合格発表がおこなわれると、合格者の家に役所からの使者が持ってくる。清末の小説『儒林外史』のこの場面は有名だし、最近では浅田次朗の『蒼穹《そうきゅう》の昴《すばる》』にも出てくる。ずいぶんお祝儀がはずまれたことだろう。

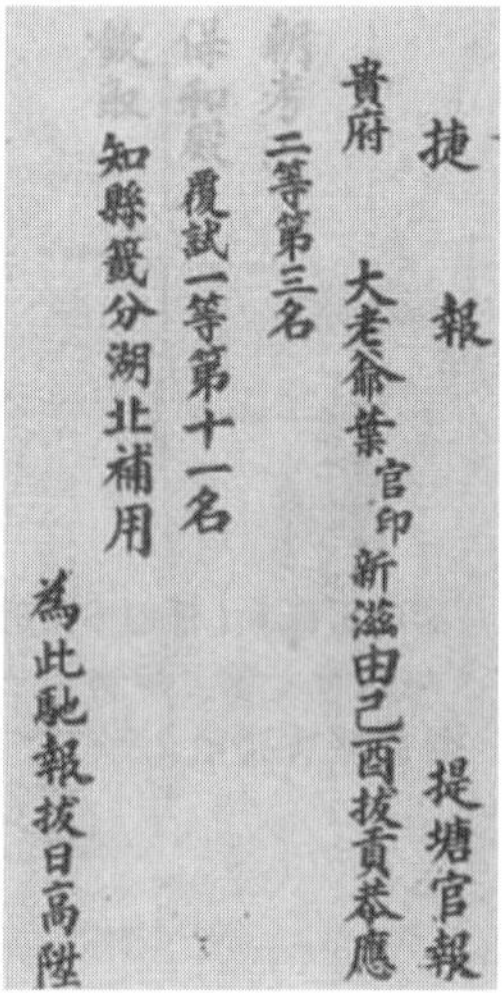
捷報
提塘官報
貴府大老爺葉 官印 新滋由己酉拔貢恭應
朝考二等第三名
保和殿覆試一等第十一名
欽取知縣籤分湖北補用
為此馳報拔日高陞

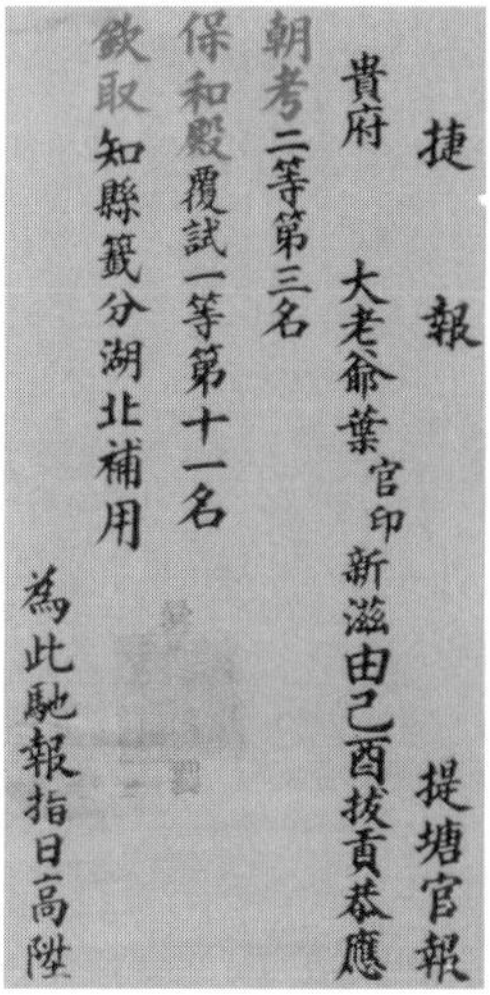
捷報
提塘官報
貴府大老爺葉 官印 新滋由己酉拔貢恭應
朝考二等第三名
保和殿覆試一等第十一名
欽取知縣籤分湖北補用
為此馳報指日高陞

右：『拍売図録』に掲載の葉新滋の「捷報」
左：『故紙堆』に掲載の葉新滋の「捷報」

中国では何年か前から古書籍の拍売（オークション）がたびたび開催されるようになった。そして、「大拍《ダーパイ》」と呼ばれる高級商品を扱う拍売の出品物の図録を集成した本が、毎年のように出版されている。そのうち、『中国古籍文献拍売図録 二〇〇一―二〇〇二』全四巻（北京図書館出版社、二〇〇三）を見ていくと、二〇〇一年の四月と一一月に琉璃廠の中国書店でおこなわれた拍売に、いろいろな科挙資料が出品されている。

二枚の捷報の謎

そのうちの、一一月に出品された葉《よう》新《しん》滋《じ》という人物の捷報が気になった。成立価格の記入がないから、売れなかったのだろうか。じつは、これと同じ物が、のちほど紹介する、紙モノ図録の『故紙堆』にも掲載されている。両方の図版を並べてみよう。右が『中国古籍文献拍売図録』、左が『故紙堆』丙集に掲載されたもの。

じつはこの二つは別物だ。まず、寸法が違う。測り方にもよるのだろうが、『拍売図録』の方が大きくて、倍以上あり、印の位置も異なる。同文の合格通知が二通残っているというのは、どういうことなのだろうか。合格者は自分の捷報を複製して知り合いに配ったから、どちらかが写しなのか。もちろん二つとも写しという可能性もある。

捷報の文面を見ると、葉は、己酉《きゆう》の年におこなわれた、「抜貢《ばっこう》」という試験において、中央試験の「朝考」で第二等第三名、そして宮中の保和殿《ほわでん》での覆試《ふくし》では第一等第一名で合格し、湖北省のどこかの県の知事として任用されると書かれている。「抜貢」については、宮崎市定の『科挙史』に紹介されていて、各府県の学校から推薦された成績優秀者を、中央で試験し、合格した者を科挙を経ずに官職に就ける制度だということだ。

潘家園で売りに出されていた「捷報」

もう一点、捷報の図版を掲げておこう。これは、二〇〇四年の二月に潘家園で撮影したものだが、捷報を売っていた。巨大な真赤な紙に筆黒々と書かれていて、写真をよく見ると、「庚戌《こうじゅつ》」「雲南」といった文字が見える。

さて、これは本物なのだろうか？　買わないにしても、もう少し丁寧に見てくれればよかったと、帰ってから思っている。さらに、その後、中国のネットオークションに宣統二年（一九一〇）の捷報が出ているのを見つけた。その五年前の光緒三一年（一九〇五）に科挙は廃止されている。

科挙関係の紙モノは、捷報だけではない。試験の問題や同年合格者の名簿など、いろいろある。科挙関係の資料は古書市場にけっこう出てくるようで、二〇〇三年一月一五日付『北京日報』の「旧書市場探求竟」という記事には、科挙資料も流行りの収集アイテムの一つとして挙げられている。

カンニング用下着

そうした次第で、最近中国のオークションに興味を持っている。といっても、日本から応札するわけにはいかないので、カタログを見るだけだが。本や書画のほかに、中国でなければなかなか目にできないものがいろいろと出ていて、勉強になる。やはり、中国のものは中国でないといけない。

カタログには、最低価格や予想価格が入っているので、中国でどのような商品に人気が出ているかの見当がつく。やはり一枚刷り、とくに絵の入っている物が高い。がちがちの漢籍は、特別のものはともかくとして、相対的に安い。日本でもこうした傾向は同様で、以前、ある評論家が昨今の古書の入札会を評して、「本は無くて、紙ばかり」と書いたことがあるが、中国でもそのような現象が見られる。また、価格を日本と比べても、今や決して安くはない。といっても、私がオークションのカタログに興味があるのは、自分の持っている物の値段を見て喜ぶためではない。面白いモノがいくつも載っていて、カタログを眺めているといろんなことに気がつくから、資料の図録として役に立つ。

拍売のカタログに掲載の「夾帯」
（『北京徳宝二〇〇五年芸術品拍売会　古籍文献』）

　科挙関係では、高校の世界史の教科書にも写真がよく載っている、「カンニング用の下着」が、いくつも出ている。四書五経がびっしりと書かれた下着で、中国語では「夾帯《ジアダイ》」と呼ぶ。科挙の受験生がカンニング用に着たというのだが、さてほんとかどうか？　たんなるおまじないかもしれない。日本では、京都の藤井有隣館所蔵の物が有名だ。

　オークションに出ているこうした「夾帯」の評価額を見ると、はじめのころは、そんなに高いわけではなく、買って買えない値段ではないなと思っていた。それがすぐに値上がりをはじめて、今ではちょっと手が出なくなっている。ただ気になるのは、科挙用であれば清朝のものでないといけないはずなのに、国外持ち出し禁止のマークがついていないものもあることだ。本の場合は、清朝の本だというだけで、こんな物にまでと思うほど、持ち出し禁止マークがついているのに。

拍売のカタログの値段は百元以上することも多いから、決して安くはない。琉璃廠の中国書店で定価が印刷されていないカタログの値段を聞いたら、高いよと言われた。だが、私には楽しめる上に役に立つから、百元しても、もとがとれる。気になるのは、ネットで検索した限りでは、日本ではこうした「拍売図録」を集めている機関がなさそうなことだ。貴重な図像資料だと思うのだが。

北京の古物市場

北京の古物市場の概況

北京の古物市場とそこに出現する資料について見ていこう。

二〇〇三年に北京図書館出版社から出版された、『故紙堆』という本がある。収録されているのは、印刷、手書きに限らず文字の書かれた各種の紙類で、その多くが一枚物だ。『故紙堆』という言葉は、朱子の「答呂子約書」という文章に見えるが、そこでは、「古書の山」という意味で使われている。しかし、この本の場合は、まさに「紙屑の山」だ。このような収集が成立する背景の一つとして、昨今の古物市場の発展によって、多数の紙類が市場に出現するようになったことがあることは間違いない。

北京における古物市場の現状については、北京市文物局文物市場管理処長の傅《ふ》公鉞《こうえつ》氏の「北京市文物監管市場現状調査報告」(『北京文博』二〇〇二年一期)があり、二〇〇一年六月から八月にかけての北京市文物局文物市場管理処の調査にもとづき、「経批准実施文物監管的市場」(許可を得て文物の監督がおこなわれている市場)と「未批准」(未許可)とに分けて、あわせて二一の市場が紹介されている。それらの市場のリストは、この項目の最後に挙げておく。

この報告に見える市場のうち、私が知っているのは、琉璃廠《リウリチャン》一帯のものと、潘家園《はんかえん》とそれに隣接した北京古玩城、そして報国寺くらいだ。それ以外では、この報告の対象外になっているが、中国で伝統的に盛んな切手・コイン商場でも、エンタイア(実際に使用された郵便物)として、紙に書かれた資料が売りに出されている。規模の大きなものとしては、かつては月壇公園の郵市があったが、後に馬甸橋《ばでんきょう》(北三環路)と北京工人倶楽部(宣武区前門飯店西向かい)に移動した。ただし、しばらく行っていないので、現状はわからない。

潘家園と報国寺

まず、北京を代表する古物市場の潘家園だが、東三環路の東南の角、潘家園橋から西へ入った所にある。各種の資料によれば、もともと、北京における路上の古物市場は、一九八〇年代に出現し、何回かの摘発のために、天橋《てんきょう》、玉淵潭《ぎょくえんたん》、白石橋、勁松《けいしょう》と移動して、一九九二年から潘家園に市場が形成されるようになったようだ。潘家園は、今日ではすっかり有名になり、日本で発行されている北京のガイドブックにも必ず載るほどになった。しかし、私がはじめて訪れた一九九四年当時は、現在の市場の位置から言えば西側の壁の外になる華威路の歩道上に露店が並んでいるだけだった。商品も古書や古物のほかに、古着や家材、古い工具などのガラクタも売られていた。道の東側には古書や古物が、西側にはガラクタや古着の店があったと記憶している。

やがて、規模が拡大した市場は、道の東側にある空き地へと広がりだして、一九九五年には路上からこの空き地に全面的に移転し、壁に囲まれた市場となっていった。また、営業日も日曜のみから、土日の二日間へと増加した。さらに、部分的には大屋根が設けられ、プレハブの店舗も出現するようになった。二〇〇一年九月からはじまった改造では、二階建ての本格的建造物が周囲を取り囲み、〇二年末から〇三年にかけて店舗が入居開業した。現在では、総面積約五万平方メートルにもおよぶ市場となっ

潘家園の古物市場

て、従前の露店市とは、その姿を大きく変えた。全部で三千前後の店が商品を並べ、平均客数は一日に五万人という。先の「報告」には、年商は一億元をこえているとあり、観光資源としての性格も強まりつつある。

次に、報国寺。宣武区の広安門内大街にある寺で、明末清初の大儒顧炎武《こえんぶ》を祀った「顧亭林祠《こていりんし》」があることで有名だが、その門は長い間閉じられたままだった。「報告」によれば、一九九七年五月に営業許可が出たとある。私は九七年の九月にはじめて訪れたが、ほとんどが切手市だったと、その時のメモには書いてある。「報告」には、コインの交換会などがもとになっているとあるが、現在でも、寺の堂内を使っているものを含めて、コインの店がたしかに多い。はじめは、一部堂内を利用していた以外は、まったくの露店だったのが、最近では境内にプレハブの店ができるまでになっている。「報告」には、プレハブの店舗数は三〇余り、露店が七〇余りとある。また、ここではしばしばテーマを限定した収集

報国寺の古物市場

交換会やオークションが開かれており、新聞記事になることがある。もちろん、北京における、あるいは全中国の古書の最終的な集積地としては、琉璃廠があるが、有名で専著も多いし、清朝時代からの歴史をさかのぼるとあまりにも長くなるので、ここでは省略したい。

拡大する古物市場とオークション

こうした古物市場で売られているものは、陶磁器、玉器、木製品、古家具、家材（欄間《らんま》や扉など）と多岐にわたっているが、書籍類については、日本の多くの場合と同様に、ほとんどが新刊書の古本で、線装本や各種の「紙」を扱うのは一部分の店舗だ。扱われている「紙」の種類としては、地図は当然として、地契（土地売買の契約書）、証照（各種の証明書）、債券、股票（株券）の類はしばしば見かける。価格は、経済発展に連動して高価になりつつあるようで、かつては一山いくらで売っていたものが、一枚一枚に値が付けられて、日本の古書店と同じようにクリアファイルに収められるようになってきている。

目的が愛玩であれ、研究であれ、投機であれ、中国における古物市場は確実に拡大し続けている。それは潘家園市場の膨脹からもわかるが、別の角度から例を挙げると、各種の雑誌・新聞が「収蔵」特刊（特集ページや別冊）を設けていることからも知ることができる。中国を代表する文化財関係紙の『中国文物報』ですらそうだし、手もとにある『中国古旧書報刊収蔵交流指南』（種福元主編、上海古籍出版社、二〇〇二）によれば、驚くほど多数の雑誌や新聞、しかも誌紙名から見る限りは、とても古物収蔵とは縁のなさそうなものまでが、「特刊」を掲載している。

市場の発展は退蔵されている文物の市場への流入をもたらす。昨今の中国では、さまざまなレベルの拍売（オークション）が開かれており、たとえば宋元版の書物のような文物的・経済的価値の高いものは、「大拍」と呼ばれる高級商品を扱うオークションに出品され、それぞれのオークションごとに写真の入った目録が刊行、発売されているほか、『中国拍売古籍文献目録　一九九三―二〇〇〇』（姜尋編、北京図書館出版社、二〇〇一）以来、オークションの結果を集成した書物が継続的に刊行されているから、そこに掲載されることもあるだろう。しかし、私の関心の対象となるような雑多な資料については、マニアの世界の情報として、上記のような「収蔵特刊」の類や、『東方収蔵』『旧書交流信息』といった専門誌紙に記事が載る程度だ。

一方で、二〇〇三年一一月に催された東京古典会大市に「清朝契約文書」として出品された、一群の清朝から民国にかけての資料のように、戦前にもたらされたものが我が国にもかなり存在しており、いくつかの図書館の蔵書目録にはそうした資料が著録されている。現時点においては、文物関連法規の規定もあり、これらの紙類の「実物」を中国から新たに招来することは、将来ともに困難だと考えられる。そうした面から言えば、『故紙堆』のような図録が今後とも出版されて、各種の資料の図版が提供されていけば、有用だ。そして、古物市場が発展し、人々の関心がさらにそちらに向いてくれれば、きっともっと多くの種類の資料が発掘され、それが、私たちがより深く文献を読むための支えになってくれることと、期待している。

【経批准実施文物監管的市場】

北京古玩城（朝陽区勁松橋）、紅橋市場旧工芸品部（崇文区天壇東門）、栄興芸郎（宣武区琉璃廠西街）、亮馬河収蔵品市場（朝陽区燕莎中心東側）、兆佳朝外旧貨市場（朝陽区華威北里）、海王村工芸品市場（宣武区琉璃廠東街）、琉璃廠文化街（宣武区琉璃廠）、潘家園旧貨市場（朝陽区潘家園）、北方民用廃旧品交易市場（石景山区八宝山）、古玩城雅宝路市場（朝陽区日壇西門）、荷花古玩旧貨市場（西城区什刹海西岸）、大鍾寺旧貨市場（海淀区北三環路）、徳勝門銭幣市場（西城区徳勝門）、北京華声天橋民俗文化城（朝陽区左安路）

【未批准実施文物監管的市場】

報国寺文化工芸品市場（宣武区報国寺）、北京中商和衆旧貨総合交易市場（朝陽区双龍南里）、甘露園百姓物品交易市場（朝陽区甘露園）、鴻六福工芸品市場（宣武区大柵欄）、麗都飯店東側市場（朝陽区将台路）、居庸関旧貨市場他（長城地区）、朝陽区十八里店村

紙屑の山

私がはじめて潘家園に行ったのは、手もとのメモでは一九九四年の秋だから、一五年ほど経ったことになる。それからは、週末に北京にいれば必ず行く。

私はなにを探しに潘家園へ行くのだろうか。

「掘り出し物」という言葉が返ってきそうだが、では、掘り出し物とはどんなものなのだろうか。なににもよらず、安く買えるにこしたことはないのだろうが、金額的に高い安いということだけが問題なのだろうか。

中国では骨董は利殖の手段で、群れをなして骨董市場に現れる人たちのほとんどはその目的だろう。じゃあ我々は、ということになる。もちろん書画骨董の類への関心がないわけではないが、実際には手は動かない。対象は好きな紙モノに限定される。

まず本だが、古物市場にも、清朝時代や民国初期の線装本が出てはくるが、そうそうは面白いものにはお目にかかれない。若い世代の研究者なら、あるいは一九八〇年代、九〇年代の出版物も探求書となるだろう。しかし、どちらの場合も日本でも手に入れる機会がないわけではない。

ほんとうに面白いのは、一枚一枚のさまざまな紙たちだと思う。

前の項で紹介した『故紙堆』は、全一〇冊、定価約一万元、全ページカラーのぜいたくな全集だ。言葉の本義は「古書の山」だが、この本は、まさに「紙屑の山」とでも訳したほうがいいだろう。決して貶めてそう表現するのではない。集められているのは、ひたすら紙。序文によれば、全部で二八〇〇件にのぼるとある。時代は、明代から文革期にまで及んでいる。手書きのものも印刷したものもあるが、冊子は少なく、ほとんどは一枚物で、契約書に領収書、包み紙にラベル、プログラムに楽譜、お経におふだ、科挙の問題や合格通知、卒業証書に成績表と、なんともすさまじい量で、私のような紙フェチにとっては、ただただ感動だ。

しかし、中国の紙モノとなると、私たちにとっては、単なるマニアとしての関心の対象というだけではすまない。研究者が文献を読み、理解していくには、具体的な手がかりが必要になる。文献の文字ヅラを読んで理解しているつもりになるのではなく、目で見ておく、できれば手に触れておくことが大事だ。

こうした紙たちは、戦前に北京で暮した方なら日常の中で目にし、手に触れていたのだろうが、建国後の中国で姿を消してしまった旧中国のモノは多い。いちばん要注意なのは、「ちゃんとした」本ではなくて、こうしたモノなのだ。あるいは、中国のこうした紙類についてのコレクションも、日本のどこかに存在していて、私が知らないだけかもしれないが、研究の基礎的なサポートとして必要ではないだろうか。

市場へ行っても、いつも何かあるとは限らない、買える場合もあれば、買えない場合や、買う気のしない場合もある。いや、そのほうが多い。しかし、売られているたくさんの紙を見て、そして触れる機会が、そこにある。それは北京だけではなく、日本でも同じことだが。

だから、私は潘家園へ行く。

2 地図で見る北京

地図に見る北京の変化

旅遊交通図を集める

どれくらい前までだろう。北京の人の集まるところ、たとえば北京駅前や前門一帯には、地図売りのおじさんおばさんがたくさんいた。街頭の新聞売りも地図を一緒に売っている。前門の箭楼《せんろう》の周囲の露店だけで、一度に北京の地図を五種類買ったこともある。昨今は都市の「環境整備」が進んでいるせいか、以前ほどではないが。

ここで言っている「地図」は、五万分の一や、二万五千分の一といった実測図ではないし、中国で「地図冊」と呼ばれるアトラスの類でもない。中国のどこの町でもおなじみの「旅遊図」や「交通遊覧図」などの名前が付けられている、一枚物の実用地図だ。ツアーで現地の旅行社が配ってくれる地図や、ホテルに置いてある日本語や英語入りの観光図も、仲間に加えていいだろう。市街を色刷りで表示した上に、地名が入り、公共機関やホテル、観光スポット、さらに、公共交通の路線が刷りこまれているのが、この種の地図の一般的なパターンだ。日本の呼び方で言うとB3版強の大きさが普通だが、最近ではさらに大判のものも増えてきた。一枚の中に図をおさめる必要があるから、距離・方角などは必ずしも厳密ではなく、とくに郊外はかなりデフォルメされていることが多い。

北京の街頭の新聞売り

生来地図好きだったから、中国へ旅行するようになると、旅行先の地図はかならず買うようにしたし、目的地以外の都市の地図も、目につけば買い集めた。そうなると、一つでもたくさんの都市の地図を集めたくなるのが人情だ。しかし、普通の中国の本なら、ほとんどは日本にいてもなんとか手に入れることができるが、一枚物の地図ばかりは、やはり現地に行かないと数をこなすのは難しい。

だから、中国へ出かけると、旅先では地図のことがたえず気になる。北京宣武区の白紙坊にある地図出版社（現中国地図出版社）の門市部（直売店）には、機会があればかならず出かけるし、上海でも旧上海博物館の近くにあった地図専門店を教えてもらって、何度か行った。さらに、中国に旅行する学生や知人に地図をみやげに持って帰るように頼んだり、『社科新書目』『全国新書目』などの新刊書目で地図を見つければ、輸入書店に取り寄せを依頼したりもした。それはそれで、かなりの枚数までいったのだが、いつごろからか、同じ都市の地図の種類を増やすことに、熱を上げ出した。

収集の方向が変わったのは、一つには、全国や省単位の地図冊が各種発行されるようになり、地方都市の市街図が多数収録されて、各都市の基本情報が手に入るようになったこともあるのだが、それ以上に、地図の上に現れた都市の変化を追いかける面白さを知ったからだった。

地図の版違い

きっかけは、たまたま二重に買った南京の地図の印刷次数が異なっていることに気づいたことだった。二年違いで印刷された二つの地図を見比べていて、バスの路線が一停留所だけ延長されているのを見つけた。南京にほとんど縁のない私には、この路線延長が何を意味しているのかはまったくわからない。しかし、二年間の都市の変化の反映であることは間違いない。この「発見」に大喜びして、そのつもりで見ていくと、地図には印刷のたびに少しずつではあっても修正が加えられており、コレクションとしても面白いことを知った。こうして、同じ地図でも、印刷次数の異なるものは必ず買っておくようになった。

いくつかの都市のものに重点を置いて集めているうちに、北京の地図が一番多様で面白いことがわかって、とくに力をいれだした。そのころから毎年のように北京へ行くようになったこともあって、版次の違いを計算にいれれば、年に一〇〇枚以上は集まるようになり、現在までに集めた北京の地図は、中華人民共和国建国後の地図だけで三〇〇枚近くになった。

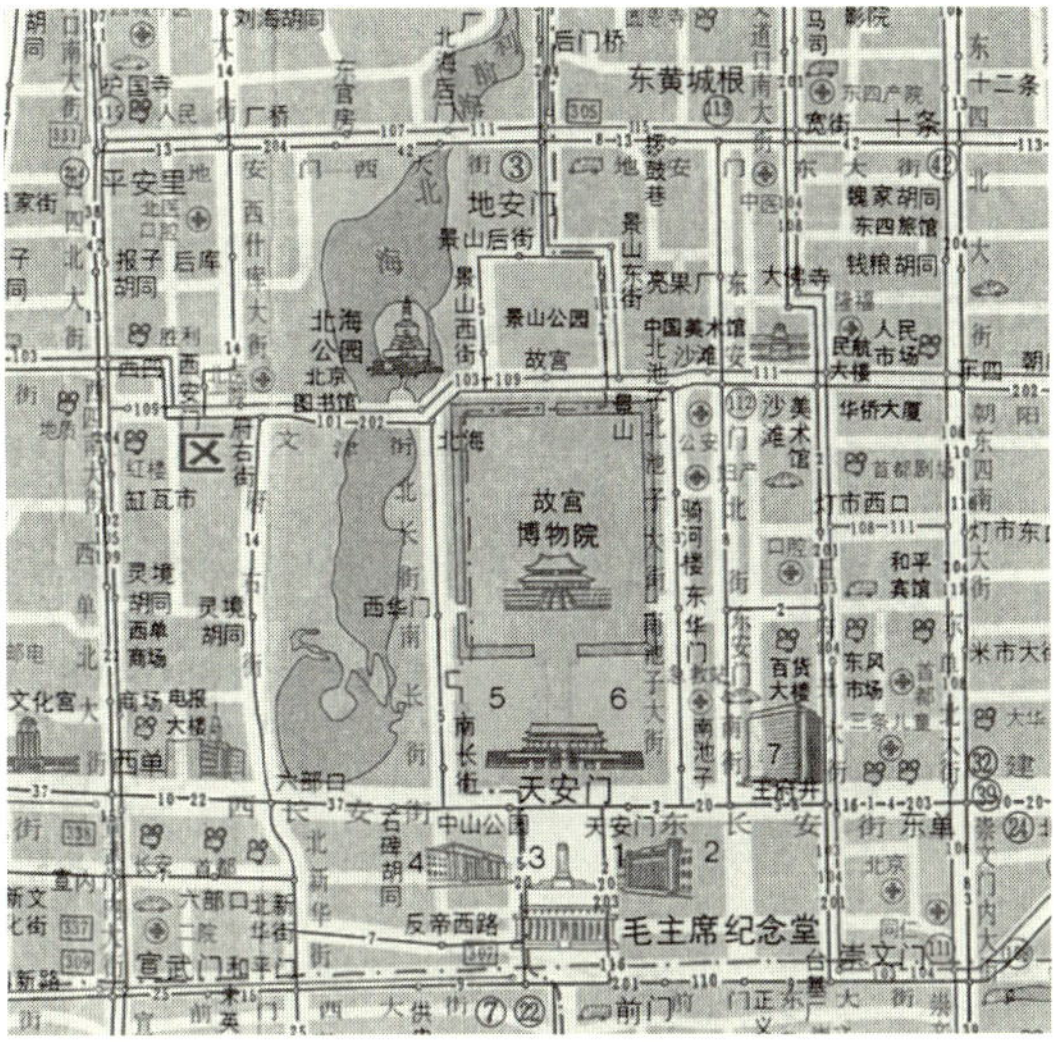

『北京市区交通図』1980 年版より、市街中心部

中国でどっと地図が出まわりだしたのは、改革開放政策が進展し、国内旅行が盛んにおこなわれるようになって以来のことのように思う。中国各地の人々が旅行するとなると、まず目指すのは北京だから、北京については、とくに色々な地図が出版されているのだろう。

改革開放以前は、北京でも、『北京市区交通図』（地図出版社）以外には、あまり種類はなかったようだ。『北京市区交通図』は、一九七八年に第一版が出ており、北京の地図でもっともポピュラーなものだった。私の手もとのデータで確認できるだけでも、一九八五年までで二〇次にわたって印刷されている。あとで述べるように、現行の『北京交通遊覧図』が二千万部をこえているのと比べればささやかだが、時代も環境も違う。市街地を肌色で、それ以外を緑色で印刷したこの地図は、日本でもよく見かけた。もう一つ大阪の、やはり『北京市区交通図』と名付けられた地図も含めて、同じ図版に部分的な改訂を加えながら出版され続けたことは、地図のベースとなっている市街地部分のデザインがまったく同じものであることでわかる。この時期は、まだ改革開放政策が本格化していない段階だったから、長期にわたって、同じ下図の地図が出版され続けたのだろう。

史蹟の表示の変化——大鍾寺の場合

地図の上に、都市北京の変化はどのように現れているだろうか。

全体的なイメージとしては、市街地の拡大がある。地図の上でベージュや肌色に塗られた市街地部分が、時間の経過とともにどんどん広がっている。私の手もとには、もう一世代前の七六年版の『北京市区交通図』もあるが、それと見比べると、七八年版ではすでにかなり違っている。これは、北京の人口増、あるいは城内の古い中国式住宅から郊外のアパートへという住宅事情の変化の反映と言えよう。

しかし、私の興味を引くのはもっと細かな変化だ。少し前のことになるが、『北京市区交通図』の七八年の大判、八〇年版では、「果脯廠《かほしょう》」という名前になっている市街の西北部、北三環路のバス停がある。この名前はおそらく食品工場から取られたのだろうが、八五年版からは、「大鐘寺《だいしょうじ》」に変わっている。大鐘寺は、明の永楽年間に鋳造された巨鐘で有名なお寺で、現在では古鐘博物館として公開されている。日本でもよく知られていて、最近では多くのガイドブックに取りあげられている。この八五年版からは、バス停だけではなく、お寺そのものの存在も図示されるようになった。おそらく、この二枚の地図の間、八〇年代のある時点で、対外的な公開の方

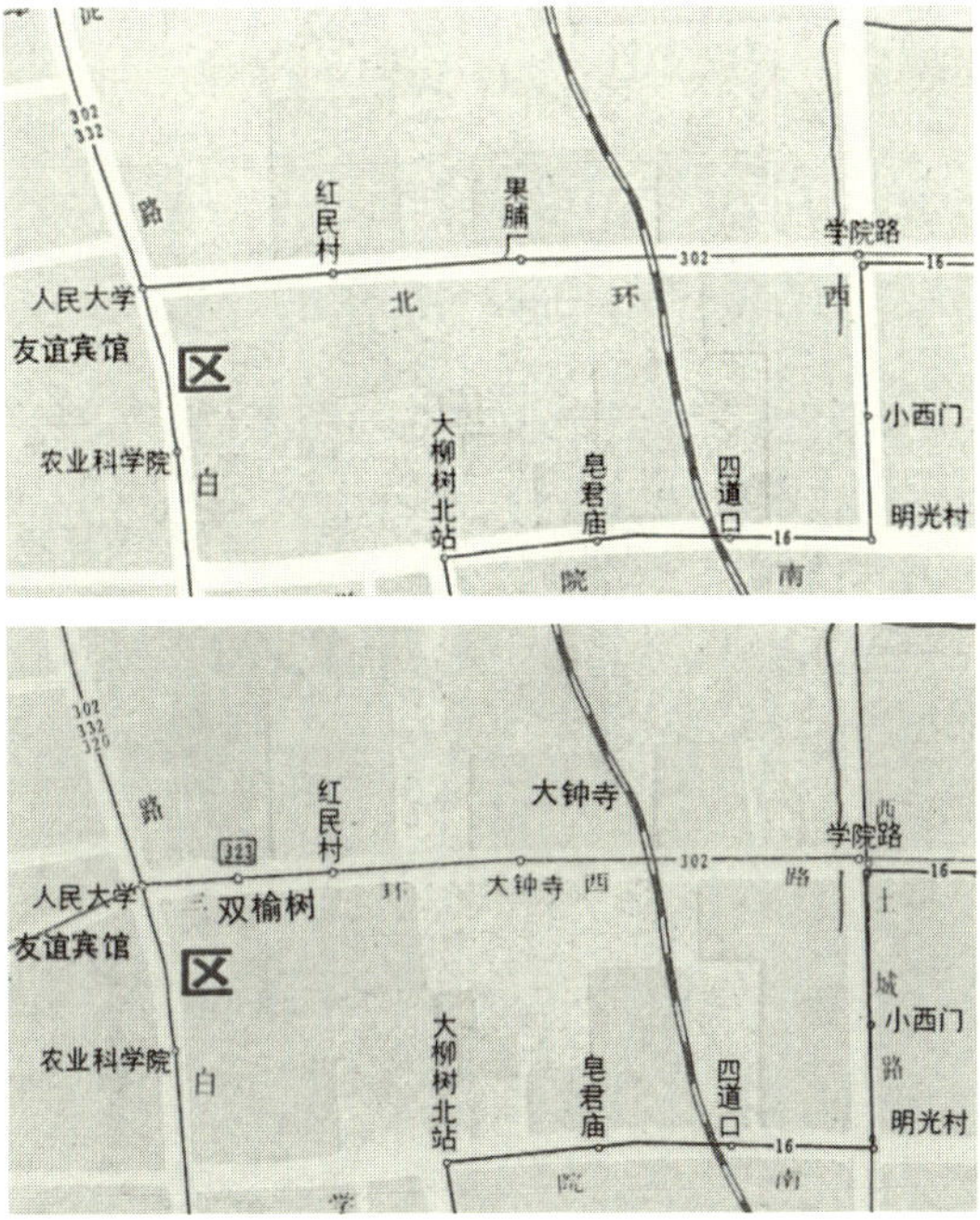

上：『北京市区交通図』1980 年版より、「果脯廠」付近
下：『北京市区交通図』1985 年版より、「大鐘寺」付近

針が出たのだろう。

北京の地図では、このような史蹟の表示の変化が、私には一番関心がある。中国の歴史を専攻しているという事情はさておいても、現代中国における史蹟の運命そのものが興味を引く。清朝の滅亡、日中戦争、国共内戦、そして文化大革命と続いた中国現代史の激動の中で、史蹟、とくに宗教関係のそれは、さまざまな変転を経てきた。近代になって消失した史蹟は多いし、現在でも多くの史蹟や古建築が、官庁や企業の施設、あるいは住宅として流用されていることは、たとえば、『北京文物勝蹟大全 東城区巻』（北京燕山出版社、一九九二）、『東華図志』（天津古籍出版社、二〇〇五）などの、各史蹟についての記事を見ていただければいいだろう。

しかし、これまで転用されたり閉鎖されていた史蹟が、文化観光資源として再建・再公開される場合も増えてきた。地図の側からこれを見てみると、それぞれの地図に、どんな史蹟が表示されているのかという問題になる。市販の地図に史蹟の名前が表示されるということは、その史蹟の存在が公認されたことになるからだ。地図を丁寧に追いかけることによって、その変化を読み取ることができる。

公開と非公開

西便門外の白雲観は、唐代以来の歴史を持ち、とくに一三世紀のモンゴル時代に当時の新道教の最大宗派だった全真教の本拠になってからは、北中国における道教の総本山的位置を占めてきた道観で、現在でも中国道教協会の本部が置かれている。やはり、『北京市区交通図』で見ていくと、こちらは八五年版の段階でも、その存在はまだ表示されていない。しかし、八八年刊行のものには載っている。私がはじめて白雲観を訪れることができたのは、一九八六年のことだし、その少し前から白雲観へ行ったという話が、日本で聞かれるようになっていた。これも、この道観の置かれた状況の変化が地図の上に現れた例と言える。改革開放の時代の中国に慣れた方々には信じられないかもしれないが、かつてはこうしたことすらが、貴重な情報だったのだ。

もちろん、地図上での明示が、いつも対外的な公開とイコールというわけではない。北郊の西黄《さいこう》寺《じ》や朝陽門外の東岳廟《とうがくびょう》が地図上に出現した時は、いよいよ公開かと期待したが、東岳廟が北京民俗博物館として公開されたのは、一九九九年の春節のことで、西黄寺の方はまだ公開されていないはずだ。

近年になって注目されるのは、王府などのかつての皇族や高官の邸宅の地図上への表示が増えはじめていることだ。オリンピックに向けての再開発による街並みの破壊と、その一方での旧建築の保存という問題とかかわりがあるのだろう。ただし、こうした建造物は、いずれかの機関が使用しているのが普通で、これからもはたして公開されることになるのかどうかはわからない。このことについては、あとで述べたい（「史蹟が増えた？」参照）。

地図の多様化

改革開放が進展してくると、地図も種類が増え、「旅遊交通図」のような基本的な地図のほかに、趣向をこらしたものも発行されるようになった。特定のテーマにポイントをしぼった、「主題図」と呼びたい地図もその一つだ。

たとえば、二〇〇七年新版の『北京交通遊覧図』（地図出版社）は、左右に自社出版の地図の広告を載せているが、医療関係（『北京市就医指南地図』）をはじめ、不動産関係（『北京楼市図』）、学校関係（『北京教育地図』）などがある。また、最近入手した地図でいちばん面白いと思ったのは、『北京交通旅遊図』のムスリム版（中国地図出版社、二〇〇六）だ。牛街《ニウジェ》の清真寺を表紙にしたこの地図には、アラビア文字のタイトルが添えられている。そして、清真寺（イスラーム寺院）や清真レストランの所在地など、一般の地図では知ることのできないムスリム向けの情報がいろいろ盛りこまれている。なぜか首都博物館の売店で売っていた。

このような、テーマを持った地図が出はじめたのはいつのころからだろうかと、私の手もとにある地図を探してみると、一九九〇年のアジア大会開催の前後からのようだ。当時、『遊在北京』『購物在北京』『食在北京』といった、地図の入った小冊子が出版されている。そして、『第11届亜州運動会比賽場館分布図』（中国旅遊出版社、一九九〇）、『北京体育観光図』（中国地図出版社、一九九〇）などのスポーツ関係の地図や、『北京市求医図』（解放軍出版社、一九九〇）などがある。

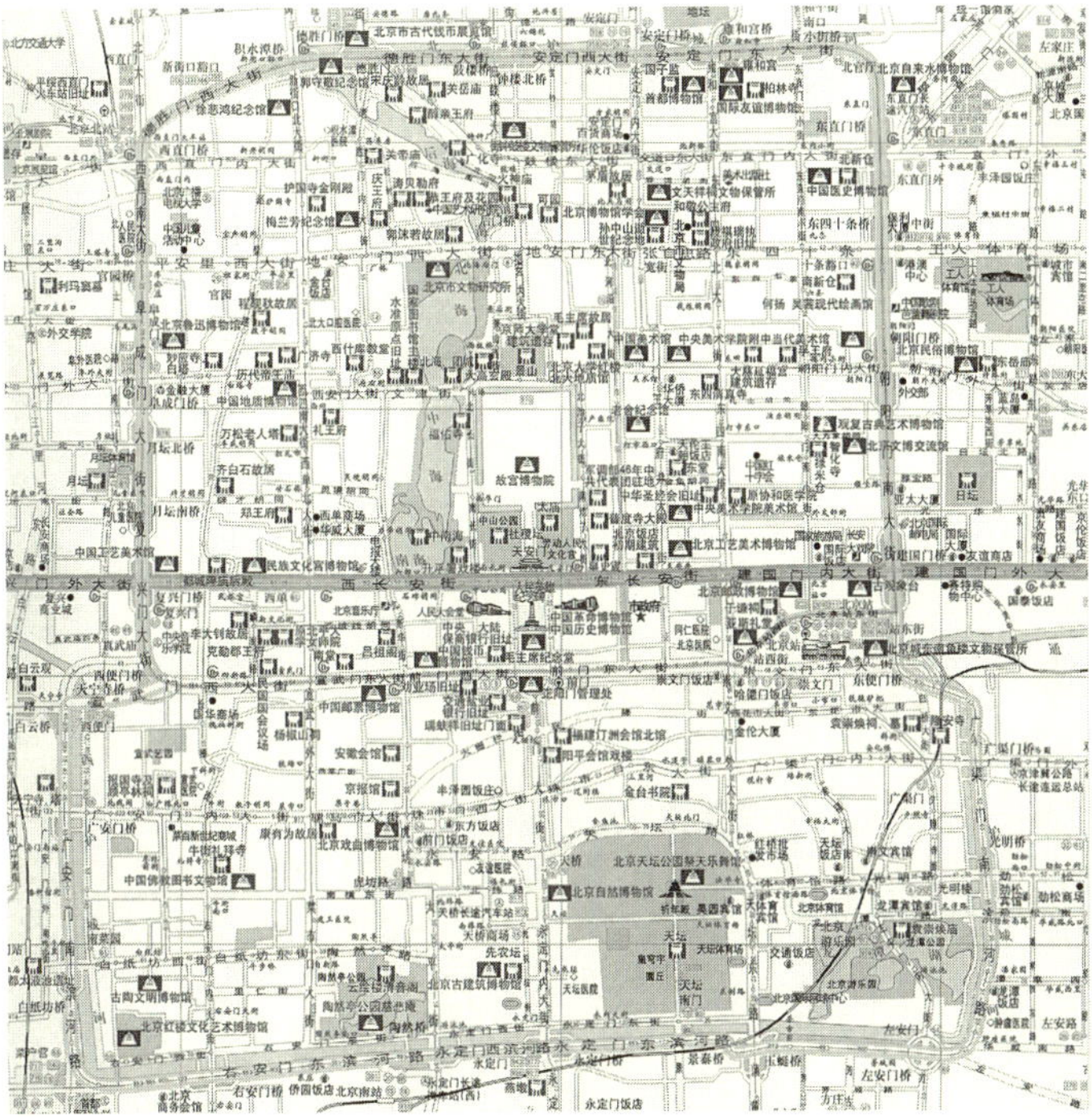

『北京地区博物館分布図』より、市街中心部の博物館と史蹟の表示

こうした主題図のうち、私たちの街歩きに直接役に立ってくれそうな地図に、『北京地区博物館分布図』（中国地図出版社、二〇〇二）がある。この地図は、北京地区の博物館と文物単位が表示された地図で、裏面には主な施設の案内がついていて、電話番号やバスの路線が載っている。地図上の史蹟の表示が、その史蹟の公開とリンクしていて、存在してはいても地図には載っていない史蹟が以前にはいっぱいあったという話を書いた。有名な史蹟でも、機関な

どが使用していて、公開できる状態ではないことが多かった時代には、所在情報自体が貴重だった。その当時とくらべて、この地図にちりばめられた史蹟の多さはどうだろう。載せられている史蹟には、公開されていない、あるいは一般観光客には公開されていない史蹟もたくさんあって、以前とは地図情報のあり方が変わってしまっている。それにしてもまだまだ未見の史蹟が多いことだ。

オリンピックを目指して、大型の博物館の建設や、現有博物館の大改造が進行中だから、博物館の数はもっと増えるだろうし、公開される史蹟も増えるだろう。『北京地区博物館分布図』の改訂版が出ることを期待したい。

変化への対応

北京市街の変化は激しい。街が変われば、地図も当然変わっていかざるを得ない。

一九九〇年にアジア大会が北京で開催された際には、多くの地図が出たようだが、それまでの地図に大会関係の項目を加えただけのものも多い。『北京交通遊覧図』という、一九八八年から毎年版を重ねている地図があるが（年によって版元が違うが、一九九〇年版は今日中国出版社）、大会の開催年だった一九九〇年版からは、赤で市内各地の体育施設が加刷されている。ところが、急いでやった仕事と見えて、写植の貼りこみ痕があちこちに残ってしまっている。また、この一九九〇年版

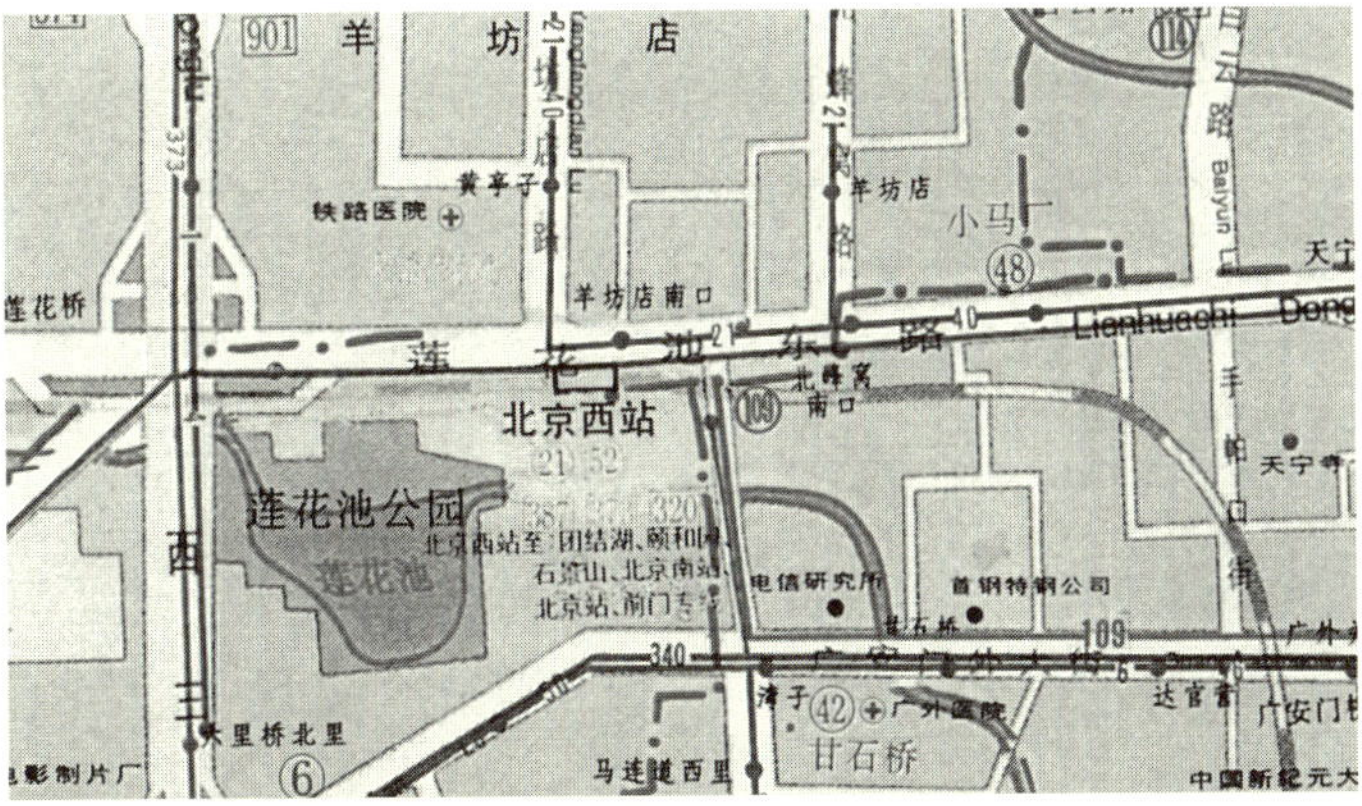

『最新北京交通旅遊図』1996年5月第4次印刷より、北京西駅付近

では、それまで裏面に印刷されていた「常用電話」の表が、体育施設の一覧表に化けているが、九一年版ではもとの常用電話表にもどる。

あるいは、一九九五年に北京西駅（西站）が開業した時期には、西駅の表示が地図の新旧の目印となった。中国地図出版社が出した『最新北京交通旅遊図』は、「一九九五年九月第一版、一九九六年五月第四次印刷」と書かれていて、西駅がちゃんと載っている。しかし、おそらく増刷の時にあわてて訂正したらしく、駅を示す長方形はボールペンで書いたような歪んだものだし、駅の周辺の街区にも手書きで訂正した痕跡や、文字を擦り消したような傷が見える。ほかにも、西駅から西への鉄道路線は描かれず、南への路線が手書きの地図もある。地図を作る側もたいへんだということがわかる。

一九九〇年代後半になると、地図をめぐる状況はさらにテンポが早まる。市内中心部の開発は大型化し、建物どころか胡同ごと地上から姿を消して、広い区画の上に巨大ビルが建つようになった。王府井《ワンフーチン》の東方広場や、そごうが入った宣武門外の開発などがその代表的な例だ。道路も拡幅され、街の姿が変わった場所も少なくない。しばらく行っていない場所を車で通ると、自分が今どのあたりにいるのかがわからなくなることがよくある。一枚物の旅遊交通図の類だと、細かい胡同は載らないので、目に見える形での影響は少ないかもしれないが、それでも道路整備となると話は違ってくる。表紙で最新版と銘打っている地図は多いが、出版の時点ではすでに時代遅れということさえある。

二枚の九九年四月版——地図の改訂をめぐる謎

このように街の変化が激しくなってくると、気の毒なのは出版社だ。上に刷りこまれている施設やバス停の変化くらいなら対応のしようもあろうが、道が変わるとなるとベースマップからやり直しになってしまう。中国旅遊出版社の『北京旅遊交通図』を例にとると、一九九八年八月に新版を出しているが、同年一一月に出版された第三次印刷の地図は、版面が明らかに異なっており、あちこちに変化が見られる。ということは、八月の地図はわずか三ヶ月の寿命しかなかったことになる。しかも、この一一月の版は、上にシールを貼って、九九年四月新一版と訂正してある。出版社がしたのか、売る側で新版に見せかけようとしてやったのか。出版社にしろ、販売店にしろ、少しでも新しいものに見せなければ売れない現状が、よく現れている。なお、一九九九年四月第一次印刷の「本物」の新版も手もとにあり、表紙が微妙に異なっている。収集する立場から言うと、このように次々と改訂がおこなわれるようになると、ますますはりきって細かな版違いまでをチェックして、地図を集めないといけなくなる。

中国の地図や本には、著者名や出版社名の他、出版の日付や印刷部数が記入されている。たとえば、二〇〇一年五月に出版された『北京旅遊交通図』であれば、「二〇〇一年五月北京修訂第八版・二〇〇一年五月河北第二次印刷」と書いてある。私は、「版」が内容の改訂、「次」は、増刷を指すものと思っていた。つまり、この地図の場合であれば、〇一年の一月に内容を大きく改訂した修訂第八版が出版されているが、五月にそれが増し刷りされたという意味に理解していた。だから、一月と五月の二つの地図の内容に大きな差はないはずだった。

私はこうした地図の製作方法を、このように考えていた。まず、道路や街区の形、地形などを描いたベースマップが作られ、その上に、地名や施設、バス路線などの情報が重ね刷りされて地図になる。文字や記号で表記されるような地図上の情報は、まま改訂されるが、ベースはそのままなのが普通で、同じベースマップで道路名やバス路線だけを修正した地図が何年もの間出版されていた例は、たくさんある。

ところが、この場合は少し違う。一月の「修訂第八版第一次印刷」と五月の「第二次印刷」とを見比べていて、妙なことに気がついた。収録されている空間が、五月の地図の方が範囲が西に広

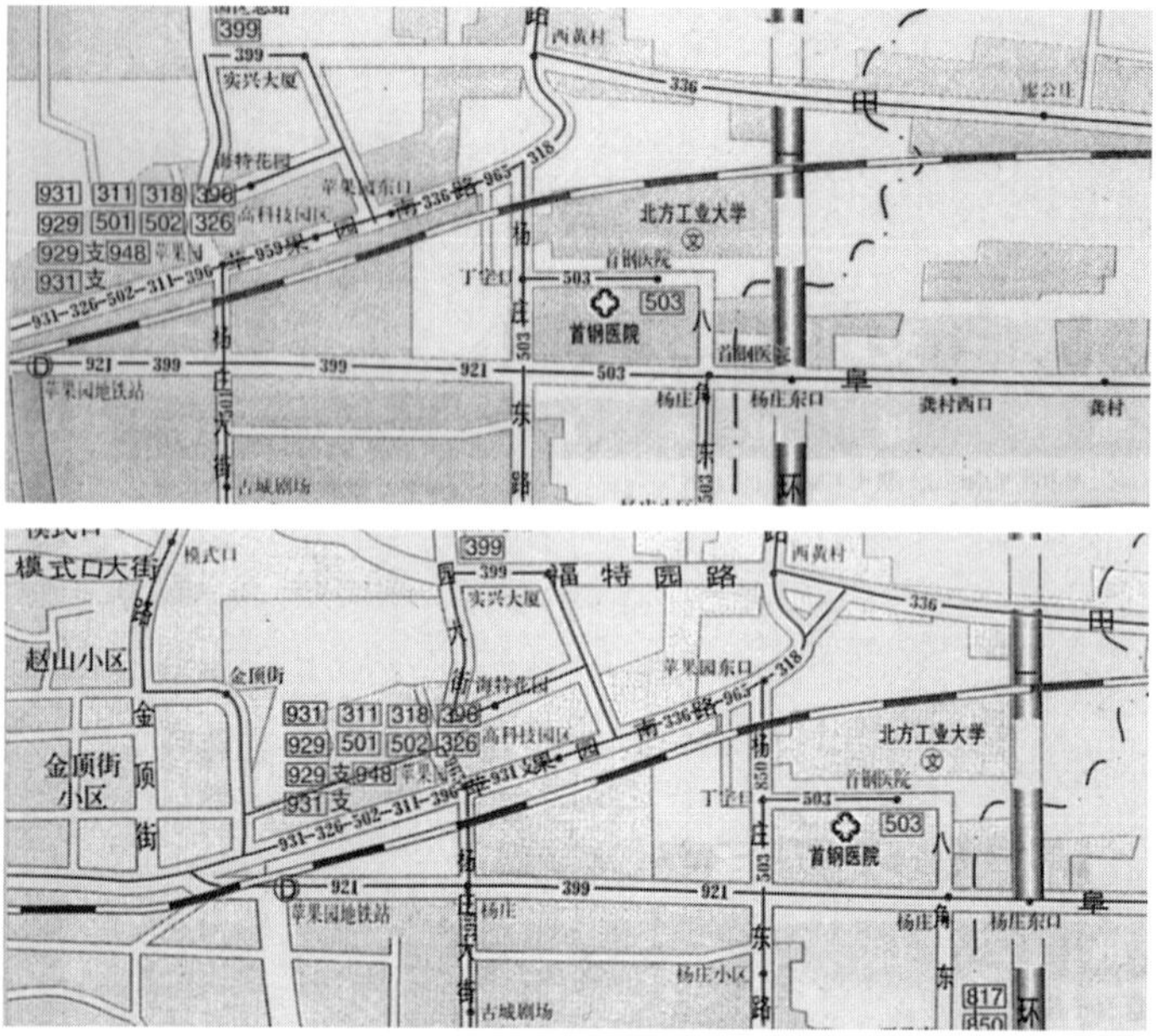

右：『北京旅遊交通図』修訂第 8 版 2001 年 1 月第 1 次印刷の西端
左：『北京旅遊交通図』修訂第 8 版 2001 年 5 月第 2 次印刷の西端

く、逆に東の端は一月の方が広い。つまり、二つの地図に載せられている範囲が、少し東西にずれている。それで、二枚の地図を、地図の西端、地下鉄の苹果園《へいかえん》駅あたりでチェックしてみると、新しい道が書きこまれたりしている。出版事項の欄での違いは、印刷次数だけで、とくに「新版」とも書かれていない。にもかかわらず、二つの地図は下図からして違うことになる。こうした例はいくつか見ているが、私の「版」や「次」についての理解が誤っているのだろうか。

ところで、これだけ地図の改訂

がしばしばおこなわれるとなると、版次が古くなってしまった地図がたくさんでるはずだ。それはどうなるのだろうか。露店では少し前の版を売っていることもあるが、それは新しく仕入れていないからだろう。二〇〇七年九月に蘇州の観前街にある新華書店で『北京交通遊覧図』を買った。ここは蘇州でいちばん大きい書店だが、店頭に平積みされているのを買ったら三月印刷分だった。なんのことはない、春に北京へ行った時に買ったのと同じ版次で、まだ第二版だった。すでに六月に大改訂をほどこした第三版が出ているのだが、新しい版が出たからといって、すぐに全国に供給されるのではないようだ。それぞれの書店が自店の在庫が切れたら発注するのだろう。ちなみに、一一月末に東京の書店への最新入荷を確認してもらったら、八月出版分だった。まして、一般の観光地の土産物屋などでは、古い物が残ってくるのは当然で、平気で古いのを売りつけるのは昔からのことだが、コレクターとしては、逆にどこかに去年の分も売っていないかと期待する。もっとも、近頃は中国のお店も親切になって、手もとにない版があったので買おうとすると、それは古いからこっちを買えと、店の人に差し出されたことがあった。それは持っているからこれを欲しいと言うと、変な顔をされた。たしか、天安門広場に面した土産物屋だったと思う。

北へ、そして南へ――地図の拡大

北京の都市域の拡大は果てしがない。一九六〇年代に撤去された城壁の跡地を利用した二環路をはじまりに、三環路、四環路、五環路と続き、さらに六環路と、環状道路の建設が進んで、環状道路が同心円状に広がっている。地下鉄も、西郊から市内へ入って西単《シーダン》で終わっていた一号線が東郊の四恵東駅まで延びたのは一九九九年のことで、乗り換えて通州まで行ける。そして、二〇〇七年秋に、東単―雍和宮を南北に貫いて郊外へ延びる地下鉄五号線が開通し、北の郊外ではすでに開業している東直門と西直門を結ぶ冂形の一三号線のほか、三環路の下を走る一〇号線、さらには東直門から北京空港までのモノレールが建設中だ。一三号線の北の方は昌平区を走っている。こうした線が開通するとなると、地図が対象とする範囲も広がらざるを得ない。

　いま北京でいちばんよく見かける地図は、中国地図出版社から出ている『北京交通遊覧図』だ。折りたたむと天安門広場の国旗掲揚台が表紙になるこの地図を目にされた方は多いだろう。少し古い時期の例になるが、手もとにある一九九九年版と二〇〇一年版とを比較してみよう。まず、収められている範囲が違う。九九年版では、それまでの多くの北京の地図と同じように、円明園の北側の線、つまり五環路のルートを北端にしていたが、〇一年版は、すでに地下鉄一三号線の予定線を取りこんで、北側が広がっている。北だけ広げるわけにはいかないので、当然小縮尺になり、東西にも収録範囲が広がって、通州区の一部も入るようになった。その結果、東北の隅には、北京空港の一部が姿を見せるようになった。

　二〇〇〇年一〇月一五日の『北京日報』の記事には、一九九〇年には北京の地図の縮尺は三万分の一で済んだのが、現在では五万分の一にしなければならなくなった、とある。そして、この二〇〇一年版では、六万分の一と表示されている。このように地図の範囲が北郊に広がっていくと、南は五環路のままだから、地図の南北のバランスが悪くならざるを得ない。その結果、これまでの地図では、真ん中に故宮、というより天安門があったのが、下の方にずれてしまっている（東西に関しては依然中央）。さらに、縮尺の処理だけでは足りなかったのだろう、北側つまり上の欄外の広告が消えた。

その後、『北京交通遊覧図』には長いあいだ大改訂がなかったが、先に書いたように二〇〇七年六月に大きく姿を変えた。現在私の手もとにある最新版は、二〇〇八年三月の第一一〇次印刷分だった。表紙は天安門広場の国旗掲揚台で変わっていないが、「最新六環版」と派手に刷りこまれている。

『北京交通遊覧図』2008 年版の表紙

地図を見ると、当然のことだが六環路まで範囲が広がっている。北京空港はこの版からは全体が入っている。南を拡大するためだろう、下の欄外にあった広告もなくなっている。東西は、西は山だし、東は河北省境をこえてしまい、北京市からはずれる。これ以上の拡張の必要は当分はないだろうから、今後とも左右の広告スペースは維持できるかもしれない。そして、市の中心部はますます小さくなって、周辺部は変形した画像になっておさめられている。最近、中国地図出版社は、『北京六環地図』という地図も出している。その地図には、「変形処理を経ており、三環路以内については縮尺は変えていないが、三環路の外は異なる縮尺で変換している。したがって、地図の上で同じ距離で表示されていても実際の距離は必ずしも同じではない可能性がある。読者は使用時には注意してほしい」と書かれている。たしかにそうでもしなければ、もはや現在の大きさの地図には収まりきらないだろう。

城内については、この地図はもはや実用にならなくなった。城内を歩くには、一枚物の地図よりも、ハンディーな地図冊（たとえば次に紹介する『北京生活地図冊』）の方が便利だ。おそらく今後の北京の地図は、拡大しつつある北京の市街地全体を対象とした地図と、城内とその周辺の中心部を対象とした地図とに機能分化していくだろう。以前から、行政区画としての北京特別市全体の地図と、市区の地図とが表裏になっている地図が多かったが、これからはどうなるのだろうか。

史蹟が増えた？

新旧の『北京生活地図冊』

地図というものは、いくら出来が良くても、あまりかさが高くては持って歩けないし、使い勝手が悪い。北京で使う地図としては、詳しさ、使い勝手などから見て、中国地図出版社の『北京生活地図冊』が一番だと思っていて、北京へ行けば、持ち歩き用に新版を必ず買う。手もとにある『北京生活地図冊』を引っ張り出してみると、一九九二年版が一番古く、九四、九八、九九年の分が、とりあえず出てきた。何度も開けたり閉じたりして、頁がはずれてしまったものもある。二〇〇〇年四月には大改訂されて、書名も、『二一世紀北京生活地図冊』に変わった。改訂は、その後も進み、二〇〇四年に、『新編北京生活地図冊』となり、二〇〇七年には装を新たにした、『北京生活地図冊』が出版された。内容はすっかり更新され、その収録範囲も、さらに広がった。手もとにある最新版の奥付には、「二〇〇七年六月第一版、二〇〇八年一月第二次修訂印刷」とあって、二〇〇七年秋に開通した地下鉄五号線も表示されている。もとはタテ二六センチくらいの大きさで、ほかに一八センチ（新書版と同じ）くらいの携帯用もあったのだが、今回は寸法が一回り大きくなり、けっこう重くなったので、いささか使い勝手が悪くなった。店頭に並んでいる地図冊の種類も増えてきたし、そろそろ「持ち歩く地図」は別の地図にしないといけないようだ。

ここでは、一九九九年版の『北京生活地図冊』と二〇〇〇年の『二一世紀北京生活地図冊』とを見比べていこう。図版の右側が一九九九年版の表紙で、緑色の地に写真が並べてある。一九九二年からこのデザインで、写真は年によって違う。基本的な構成は、郊外は二万四千分の一、市区は一万二千分の一の縮尺で、全部で三五図に分けられていて、バス停や道路の名前の他に、公私の機関や会社などが、多数書きこまれている。そして、左側が、二〇〇〇年四月に出版された『二一世紀北京生活地図冊』。表紙の色がオレンジ色に変わり、郊外は二万分の一、市区は一万分の一の縮尺で、全部で六七図になっている。それだけでなく、郊外の各区や県の政府所在地の市街図がついているから、内容はかなり増えた。

この時期は、一九九九年の建国五〇周年に向けての都市改造、とくに地下鉄の新線運行開始や、旧城の北部を東西に貫く平安里大街や四環路の開通などがあって、北京の地図がどう変わるかについて、かねて関心を持っていた。その代表として、この地図冊の新版はぜひとも見てみたかった。

予想どおり面目を一新した新版が出たので、新旧両版を手もとに並べて、しばらくの間楽しめた。新旧を比べると、ただ縮尺が変わったのではなく、新版では下図が新しく描き直されて、道の幅や曲がり具合のニュアンスなどが精緻になった。旧版は、新しい道ができても、その部分の手直しをするだけで続けてきたようだが、すっかり変わってしまっている。

右：『北京生活地図冊』1999 年版の表紙
左：『21 世紀北京生活地図冊』2000 年版の表紙

北京の変化は激しく、王府井や東単の場合に代表されるように、小さな胡同をいくつか潰しての大型ビルの建設や、狭くて曲がりくねった胡同をまっすぐな広い道に変えるといった例も多い。場所によっては、同じ名前の道でありながら、場所が変わってしまっていることもある。こうした改造があると、その部分の街の姿は以前とは別物になってしまうわけだが、私が一番熱心に集めている一枚物の地図では、縮尺の関係で、小さな胡同までは描かれていないし、地図の上の地名の数にも限界がある。また、一枚物の場合、画面の関係で郊外については、どうしても簡略化されたりデフォルメされたりしがちだ。そうした変化を追いかけるためには、この地図冊は役に立つ。北京の郊外の変化は市内以上で、都市域が拡大して、たくさんの施設が郊外に出現している。地図上に文字で書きこまれる情報については、旧版でもたえず改訂されていたが、当然ながら、新版ではまったく新しくなっている。

∴の増加

よく週刊誌なんかに載っている「間違い捜し」は苦手で、二つの地図を並べて見ても、細かな内容の差を見つけるのは難しい。新旧の『北京生活地図冊』を比べるのに、とりあえずやりやすいものということで、バスの路線をチェックしてみた。これははっきりと変化している。そのあたりからたどっていくと、店や機関、会社の変化もけっこう激しいようだ。

見比べていて、新版では「∴」のマークが目につくことに気がついた。「図例」には、「∴」は、「名勝、古蹟、遊覧地」となっているから、だいたい日本の地図と同じ意味で使われているようだ。史蹟は私の仕事にも縁があるから、どうしても気になるので、丁寧に探してみると、城内、それも内城に「∴」が付いている場所が多い。しかも、それまであまり聞いたことのない場所が増えていた。そこで、東城区について、東城区の各級の文物保護単位のリストと付き合わせてみた。そうすると、新しく地図に出現した古蹟名勝は、すでに市級や区級の保護単位になっているものが多いこ

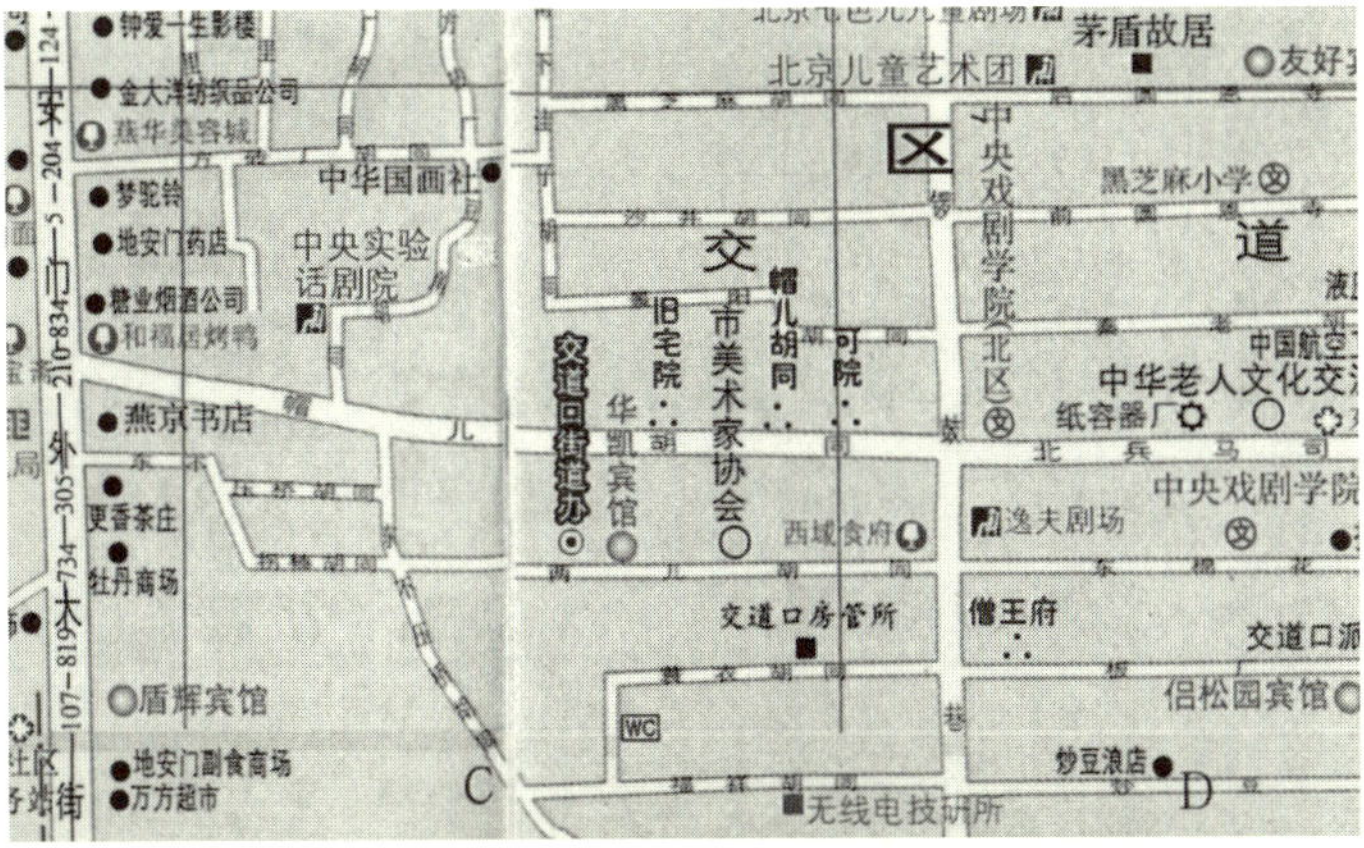

『新編北京生活地図冊』2004 年版より、東城区の帽児胡同周辺

とがわかった。

　たとえば、桂公府、僧王府といった王府の類がある。清朝時代の皇族の邸宅である王府のうち、現在公開されているのは、恭王府、「宋慶齢《そうけいれい》故居」として公開されている醇親王《じゅんしんのう》府、それに一部がレストランなどになっている桂王府あたりしかないが、民国時代の地図を見ると、故宮を取巻いて、広大な敷地の王府がたくさん存在していたことがわかる。桂公府は、西太后の弟桂祥《けいしょう》の邸、僧王府は、清末の将軍で、太平天国やアロー号戦争に関係したセンゲリンチェンの邸で、いずれも区級の文物保護単位になっている。

　また、帽児胡同には、旧宅院、可園などの「∴」が記入されているが、これも現存する清朝の大官の邸宅で、やはり文物保護単位になっている。建国後いろんな機関に使用されたり、民家になったりしていた王府などが、増築された違法建築を撤去するなどして、

旧王府の門。現在は複数の機関によって使用されている

徐々に旧状に復しつつあることは、時々報道される。地図に王府の名前が出るようになったのも、そうしたことと関係があるのだろうか。

もちろん、文物保護単位が全部地図に載っているわけではない。朝陽門内大街にある孚《ふ》王府は、道光帝の第九子孚郡王奕譞《えきけい》の邸宅で、市級の文物保護単位になっており、一九九九年の版から掲載されている。その一方で、隣接して大慈延福宮《だいじえんふくきゅう》という廟がある。この廟は、天官、地官、水官の三官を祀り、「三官廟」と通称されるが、これも市級の文物保護単位になっている。文献で調べると、乾隆年間の建築がかなり残っており、修復もされているようなのだが、こちらは、〇八年版の『北京生活地図冊』にも出ていない。たんに地図の図版のスペースの問題なのか、使用中の機関の関係か、ちょっと興味がある。『北京地区博物館分布図』にはちゃんと載っているのだが。こうした例は、蔡元培(さいげんばい)故居は地図上に表示されているのに、同じ東堂子胡同にある総理衙門(がもん)跡は表示されていないなど、ほかにもある。

二〇〇八年のオリンピックに向けて、城内の再開発が進む中で、古い民家などが取り壊されて、かつての北京の面影を残す街並みが消えていきつつあることが話題になっている。王府などは、民家というには豪邸過ぎるが、もし公開されることがあれば、行ってみたい。東城区芳嘉園《ほうかえん》胡同にある桂王府は、一部がレストランになっていて、公開されている。一度だけ食事に行ったが、夜だったので、ほとんど建物を見ることができなかった。次回のチャンスをうかがっている。

なお、清末から民国にかけての王府の様子については、愛新覚羅烏拉熙春《アイシンギョロウルヒチュン》著『最後の公爵　愛新覚羅恒煦《こうく》』（朝日新聞社、一九九六）が詳しい。この本は、立場が変わると、同じ歴史上の事件でもこうも見方が違うのか、という点からも面白い。中国に関心をもたれる方には、かなりのお勧め本だ。

地図の発行部数

北京地図のベストセラー――『北京交通遊覧図』

集めた地図を見ていて、気になったのが、地図の版次の問題だった。前にも紹介した中国地図出版社の『北京交通遊覧図』(「地図に見る北京の変化」参照)は、あちこちで見かける地図なので、刊行次数にも注目して、異なった次数のものは買うようにとくに心がけるようになっていた。北京の皆さんがお土産にくださる地図もこれが一番多い。少し前だが、二〇〇二年から〇三年にかけてのこの地図が一〇種類集まったのが、いちばん密度が濃いので、これを材料にしてみよう。集まったのは、どれも第二版で、三五次(〇二年一月)、三七次(三月)、三八次(四月)、三九次(五月)、四三次(一〇月)、四四次(一一月)、四五次(〇三年一月)、四七次(三月)、四九次(五月)、五一次(七月)の一〇枚だった。一九ヶ月で一七次だから、ほぼ毎月に一度のペースで版を重ねていることがわかる。

この間の刷り部数を総計すると、四二七万部になる。ちなみに、一度の印刷部数のいちばん多いのは、三八次、三九次の三〇万部で、四月、五月が多いのは、メーデーをはさむこの時期が中国のゴールデンウィークで、おのぼりさんがたくさん北京に来るからだろうか。〇三年五月の四九次が一六万と伸びていないのは、この時期に流行したＳＡＲＳのせいなのかもしれない。もう一つの大型連休がある一〇月の四三次も、二〇万部と少し多くなっている。前にも引いた二〇〇〇年一〇月一五日の『北京日報』には、「北京地図一月一改版」という記事が載っていて、北京の地図は二〇日足らずに一度の割合で改版が行われていると書かれていた。たしかに、そのころから中国地図出版社の『北京交通遊覧図』は、二〇〇一年一〇月が第三二次、一一月が三三次、一二月が三四次と、毎月印刷を重ねていた。

これだけの同じ地図をずらっと並べてみると、それなりに面白い。ただし、地図の内容ではなく、折りたたんだ時の裏表紙にあたる側のお話だ。表紙はどれも同じで、天安門広場の国旗掲揚台なのだが、裏表紙の広告が違う。三五次、三七次、三八次は同仁堂（漢方薬局）、三九次は頤源居《いげんきょ》（マンション）、四三次も頤源居だが、デザインが違う、四四次は夢妃幻《むじげん》整形美容中心、四五次、四七次は七星潤滑油、四九次は夢妃幻に戻って（同じデザイン）、五一次は吉利大学だ。最近ではどうだろうかと思って、二〇〇七年の後半から〇八年にかけてをチェックしてみると、第三版になって

『北京交通遊覧図』2008 年 3 月版の裏表紙の広告

からの、〇七年八月と九月はいずれも金世紀教育（専門学校）、〇八年は二月が同仁堂と如意商務酒店（ビジネスホテルチェーン）、三月が学大教育（家庭教師派遣）と教育関係が多いのは、社会の志向を示しているのではないだろうか。

一ヶ月に最低でも一〇万部、多い時は三〇万部も印刷されている地図だから、広告媒体としてもかなりのものだろう。『北京交通遊覧図』は、メインの地図の周囲は広告が取り巻いているし（最近では左右だけになったが）、北京の観光ポイント案内図（旅遊景点分布図）とバス路線の表が載っている裏面にも広告を入れている。さきほど紹介した『北京地区博物館分布図』が、第二次印刷までで八千部しか出ていないのに、広告なしで発行されているのとは、商品としての性格を異にするとはいえ、ずいぶん違っている。そのわりには、定価は、こちらが四元、博物館分布図が四・五元とあまりかわらない。どういう採算になっているのだろう。

「地図両塊！」の謎

二〇〇四年の一〇月のある日、日曜日の夕方に、王府井の北京飯店側の角を歩いていると、「地《ディー》図《トゥー》両《リャン》塊《クワァイ》！」という声が、あちこちから聞こえた。声を張り上げている地図売りが持っている地図を見てみると、おなじみの、天安門の国旗掲揚台が表紙になっている、地図出版社の『北京交通遊覧図』だった。横では、そのころ話題になっていたサダム・フセイントランプも売っている。地図を売っているのは一人ではない。同じ場所にこんなにいてどうするのだろうかというくらい、「地図両塊」が並んでいる。

もちろん買う人はほとんどいない。最近、街頭の地図売りが少なくなったというのに、と思いながら、一度は通り過ぎた。しかし、定価が四元の地図を両塊＝二元で売っているのだから、どうせ古い地図だろう、古い地図なら持っていない版の可能性がある、二元で遊んでやれと、引き返して一枚買って帰った。

ちょうど王府井書店で一〇月版の『北京交通遊覧図』を買って帰る途中だったので、ホテルへ帰って、さっそく買ってきた地図をチェックしてみた。すると、道で買った地図も一〇月刊行となっていた。こうなると、なぜ半額なのか、わけがわからない。

二つの地図の奥付を比べてみると、版次が、一方が五七、一方が五八だった。印刷部数も、五七次が九七六〇〇〇一～九九六〇〇〇〇、五八次が九九六〇〇〇一～一〇一一〇〇〇〇で、たしかに連続している。強いて言えば、道で買った方の奥付の一〇の字が少しゆがんでいることが気になる。

その晩は、この本のもとになったコラムを連載していた『北京トコトコ』の編集部のみなさんとの飲み会だったので、この「謎」を話題にしてみた。ニセ物説その他、いろいろ説はあったのだが、誰もよくわからない。私は、はじめは、何か印刷ミスがあって廃棄された物が横流しされたのかと思っていた。しかし、裏側の広告は同じなのだが、地図の周囲の広告はだいぶ違っている。まさに版違いで、キズ物ではなさそうだ。肝心の中身の方はどこか違うのかというと、正直言って、これを見比べるには、私の目は年をとりすぎている。値段の謎は、けっきょく解けていない。

しかも、以前から手もとにあった九月発行分は五四次で、印刷部数は九四〇〇〇〇～九六六〇〇〇〇までだから、一〇月分と、次数で三次、部数では三〇万も違っている。いったいどうなっているのだろう。通算してみると、九月から一〇月までの間だけで、少なくとも五次、部数で七一万部も刷られていることになる計算だ。なんともすごい数ではないか。

ちなみに、現在私の手もとにあるいちばん新しい版の、二〇〇八年三月版『北京交通遊覧図』は、第一一〇次印刷で、通算の部数は二一三四七三〇〇。二〇〇四年から三年半経って、次数では五二、部数では一一〇〇万部以上刷られたことになる。毎月平均で二六万部以上が刷り重ねられている計算だ。もはやギネスものだろう。

北京交通游览图

（订购电话：010−63564961）

中国地图出版社编制出版发行

（北京市白纸坊西街3号 邮编：100054 电话：83543852

Http：// www.sinomaps.com）

北京市大天乐印刷有限公司印刷

1998年9月第1版 2007年6月第3版

2008年3月北京第110次修订印刷

ISBN 978−7−5031−4358−8/K・2622

印数：21235501−21347300

广告许可证号：京宣工商广字第0080号

广告采编：中国地图出版社广告部

电　　话：83543862　83543948

责任编辑：郑建惠　　审　　定：雷京华

封面设计：李　伟　　摄　　影：孙　立

版权所有，翻印必究

『北京交通遊覧図』2008 年 3 月版の奥付

「地図一塊!」

二〇〇八年一月末の北京。地下鉄天安門東駅の地下道で、「地《ディー》図《トゥー》一《イー》塊《クワァイ》!」という声が聞こえた。今度は、一塊＝一元だ。

叫んでいるおじさんを見ると、持っている地図は、おなじみの中国地図出版社の天安門の国旗掲揚台が表紙になっている地図で、「2008」という文字も見える。しかも、今度は一元だ。その時点では、〇八年版はまだ入手していなかったから、即座に買った。見てみると、定価はちゃんと四元と刷ってある。その日の故宮からの帰り、天安門と故宮との間の通路でも「地図一塊」を買った。

その収穫だけで喜んで、紙質が落ちていたり、表紙の刷りの調子が違うことには、気づいてはいたが、あまり気にしなかった。帰国してだいぶ経ってから、名前が違うことに気がついた。『北京交通遊覧図』では

『北京交通旅遊図』の表紙

なく、『北京交通旅遊図』だった。地図に書かれた出版元は同じ中国地図出版社だが、当然のことながら書号（書籍コード）が違う。不思議なのは、出版元が同じなのに、掲載されている住所が違うことだ。

三月にも北京に行った。今度は、前門のところで、「地図一塊！」にでくわした。また買った。三月には、崇文門東北角の新聞売りから、『北京交通遊覧図』を三元で買った。名前は同じだが、「２００８」の文字の色も大きさも違う。表紙も全体に赤っぽくくすんでいる。宣武区白紙坊の地図出版社では、定価の四元で『北京交通遊覧図』の三月版を買ったし、地下鉄建国門駅のホームでは、『北京交通遊覧図』の二月の版を二元で買った。

そして、『北京交通遊覧図』と『北京交通旅遊図』では、当たり前と言えばそうだが、地図そのものも違っていた。問題は三元の『北京交通遊覧図』で、四元のものと見比べると、似てはいるが、やはり違う地図だ。どちらも中国地図出版社出版となっていて、名前も書号も同じなのだが、版次が違う。三元のものには、「二〇〇八年一月第一版　二〇〇八年一月北京第二次修訂印刷」とある。普通の『北京交通遊覧図』は、二〇〇七年六月第三版だから、そもそもが違う。しかも、

「北京首郵報刊亭有限責任公司」と、緑でマークが刷り込まれている。つまりは、新聞スタンドや露店の新聞売りで売るための別の『北京交通遊覧図』が存在するということだ。これについては、これまで知らなかった。

一方、一元の『北京交通旅遊図』は、表紙が似ているだけのまったく別の地図で、表紙の写真が使い回しされているということなのだろう。一元の地図にも二月版と三月版がある。裏の広告は、どちらも中国国際旅行総社だが、内容は違っている。地図本体に差があるかどうかは、私の眼力《めぢから》はこのごろすっかり衰えていて、よくわからない。確かなのは、広告やバスの路線案内が違っていることで、地下鉄の路線図の大きさも異なっている。

謎は、なぜ一元なのかだ。ちゃんとした地図なんだから経費もかかっているだろう。いくらなんでも、一元で売らせて儲けがあるとは思えない。とすれば、どなたも思いつかれるだろうが、広告が問題なのだろう。地図全体が巨大なチラシだと思えば、広告収入があれば、一元でも売り上げがあるだけましかもしれない。今回の旅行で気がついたことだが、故宮の中にたくさんのチラシ配りがいた。なぜか私にはくれなかったが、旅行業者の宣伝で、裏には故宮や北京の略図が刷られていた。そうしたチラシの高級版と考えればどうだろう。

現存最古の北京地図

『北京城宮殿之図』

北京関係のサイトを検索していて、東北大学附属図書館のサイトに画像がアップされている「万暦年間北京城内図」と標題のつけられた地図が目にとまった。木版に手彩色の綺麗な地図だ。その後、機会を得て、この地図を閲覧することもできた。写真以上に手彩色の色が鮮明で美しい地図だった。

この画像には、次のような短い解説が付されている（原文のまま）。

北京城宮殿之図。嘉靖年間（一五三一―一五六二）に制図され萬暦年間（一五七三―一六二〇）に刊行された。北京図としては現存最古の地図として明代北京地理研究の好資料とされる稀覯地図である。

中国の昔の地図についての基本的な図録である、『中国古代地図集』（文物出版社、一九九〇〜九七）の明代の巻には載っていないし、北京の地図をいちばんたくさん集めている『北京歴史輿図

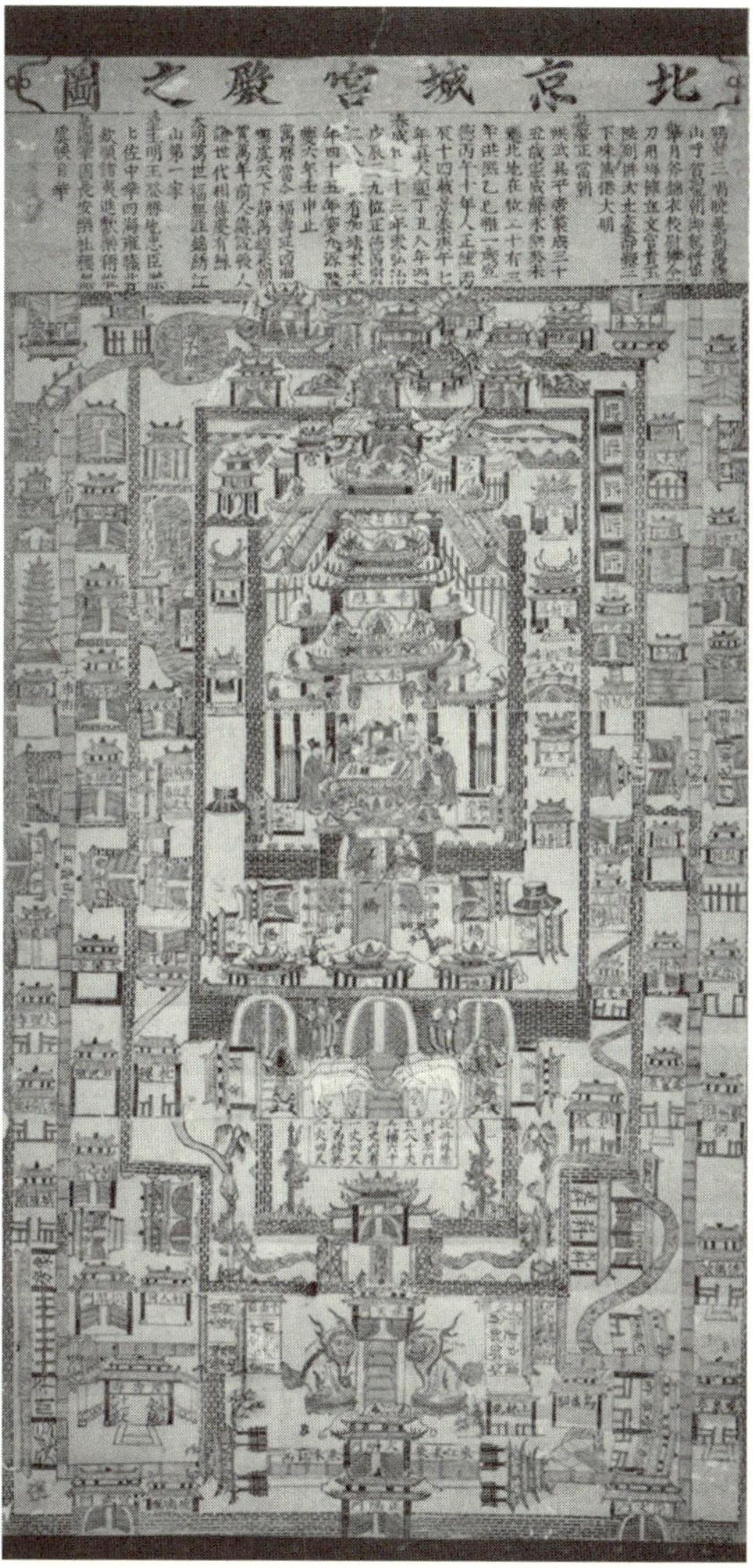

『万暦年間北京城内図』（『北京城宮殿之図』）

集』（外文出版社、二〇〇五）にも載っていない。私が見たものの中では、哈爾濱《ハルピン》地図出版社から出版された『中華古地図珍品選集』（一九九八）にだけ、この地図の図版が掲載されていて、もう少し詳しい解説もある。そこでもやはり最古の北京地図とされていて、「日本宮城県東北大学蔵」となっている。欧米で出た本にも、最古の北京地図として、東北大学所蔵の地図が掲載されているそうなので、世界でこれ一舗しか残っていないようだ。東北大学の画像にもスケールは写しこまれているが、『中華古地図珍品選集』の解説によれば、おおよそ、タテ一メートル、ヨコ五〇センチで、かなり大きな地図だ。現在は軸装されている。ただし、図版を見ていただければわかるように、地図の大部分は皇城の内部で、内城が周囲にわずかに描かれているだけだから、厳密に言えば、都の地図ではなく、皇城の地図なのだが。それでも、真武廟、歴代帝王廟、城隍廟《じょうこう》、蘇州胡同など、現在も存在する地名の文字が見える。外城は書きこまれていない。

北京の城壁

内城、外城といった、耳慣れないかもしれない言葉が出てきたので、北京の城壁について簡単に書いておこう。まず、中国では「城」という言葉は、英語のCastleよりは、Townを指す。だから、「街」とか「都市」と理解する方がわかりやすい。そして、この「城」つまり都市を囲むのが「城壁」ということになる。現在の北京城は、一三世紀後半にクビライが建設させた元の大都のプランの上に乗っかっている。明が新しく支配者になった時、北側の三分の一をつづめ、南へ若干広げた北平《ほくへい》城となった。これを「内城」と呼ぶ。この時に放棄された北側の城壁は、今でもかなりの部分が残っていて、「元土城址公園」として整備されている。一六世紀になって北方民族の圧力が高まると、外にもう一重の城壁を造ろうとしたが、財政難で南部しか完成せず、内城と接続された。これを「外城」と呼ぶ。そして、さらに内側には、「皇城」を囲む壁があり、今も残る。天安門から長安街の北側を左右に広がり、東は南池子《ナンチーツ》大街で北上し、西は府右街で北に曲がって中南海を囲む紅色の壁が皇城の壁だ。

さて、東北大学のサイトでも、『中国古地図珍品選集』の解説でも、この地図は、明の嘉靖年間の作成、万暦年間の印刷となっている。万暦としている根拠は、上部の欄外に書かれている詩が、明の年号を順番に読みこんで、万暦で終っているからだろうが、嘉靖の方は図の中の情報からの結論らしい。『珍品選集』の解説では、嘉靖一〇年（一五三一）から四一年（一五六二）の間としている。今のところ年代判定の明確な根拠はわからない。ちなみに、外城の工事は嘉靖三一年（一五五二）からはじまり、十年余りの年月を要して完成しているから、外城が描かれていないことも、成立年代の推定の材料になっているのだろう。

書物の図版として描かれた地図なら、もっと古いものがないわけではない。元代に出版された実用百科全書『事林広記』には、日本の元禄年間（一六八八〜一七〇四）の和刻本があり、遼《りょう》の南京《なんけい》の図というのが載っている。これがいちばん古そうだが、かなりおおまかな地図で、都市図とは言いにくい。また、日本で見ることのできるいちばん古い北京の地志は、明の万暦年間に刊行された『順天府志』で（順天府は明清時代の北京の行政区画名）、これにも城内の図はついているが、やはりかなり大雑把なもので、『北京城宮殿之図』とは比べものにならない。この『順天府志』の地図には、すでに外城が書きこまれている一方で、皇城内部の図がない。なお、それ以前の北京の地志が、まったく現存しないというわけではない。一五世紀はじめに編まれた『永楽大典』の順天府の部分を清代の学者が抜き書きしたものが、北京大学出版社から出版されているし、元代の北京の地志である『析津志《せきしんし》』の断片を各種の文献から集めた本（こういう作業を輯佚《しゅういつ》という）も、北京古籍出版社から出版されている（『析津志輯佚』、一九八三）。ただし、どちらも地図はついていない。

それにしても、便利な時代になったものだ。東北大学のホームページの画像はかなり大きなもので、もしこの寸法で本を作るとなると、B3判くらいの本になってしまうだろう。中国の古地図集としては、先に触れた『中華古地図珍品選集』や、『中国古代地図集』のほか、大連図書館所蔵の地図を集めた『中国古地図精選』（中国世界語出版社、一九九五）などもあるが、これだけ大きなサイズで図版を掲載するものはないし、図版の多くはカラー図版ではない。たとえコンピュータの画面上とはいえ、この画像はありがたい。

現存最大の北京地図

現存する最古の北京地図に続いて、現存する最大の北京地図のお話を書きたい。この地図には、もともとはタイトルはつけられていないが、清朝の乾隆一五年（一七五〇）ごろに作られたものと考えられており、普通は『乾隆京城全図《けんりゅうけいじょうぜんず》』と呼ばれている。これが、すごい地図なのだ。昭和一五年（一九四〇）に、興亜院華北連絡部政務局調査所から出版されたこの地図の複製に付された、今西春秋の解説を手がかりに、紹介していこう。

どこがすごいかというと、その大きさと詳しさだ。この地図は、北京の旧城内を一七に輪切りにして絵図にし、その一列ごとを三冊の折り本に分けて製本しているから、北京城全体が五一冊に収められている。縮尺が、六五〇分の一という大縮尺。これではぴんとこないという方のために書くと、地図全部を広げて並べると、タテ一四・一メートル、ヨコ一三・二メートル、広さがなんと、

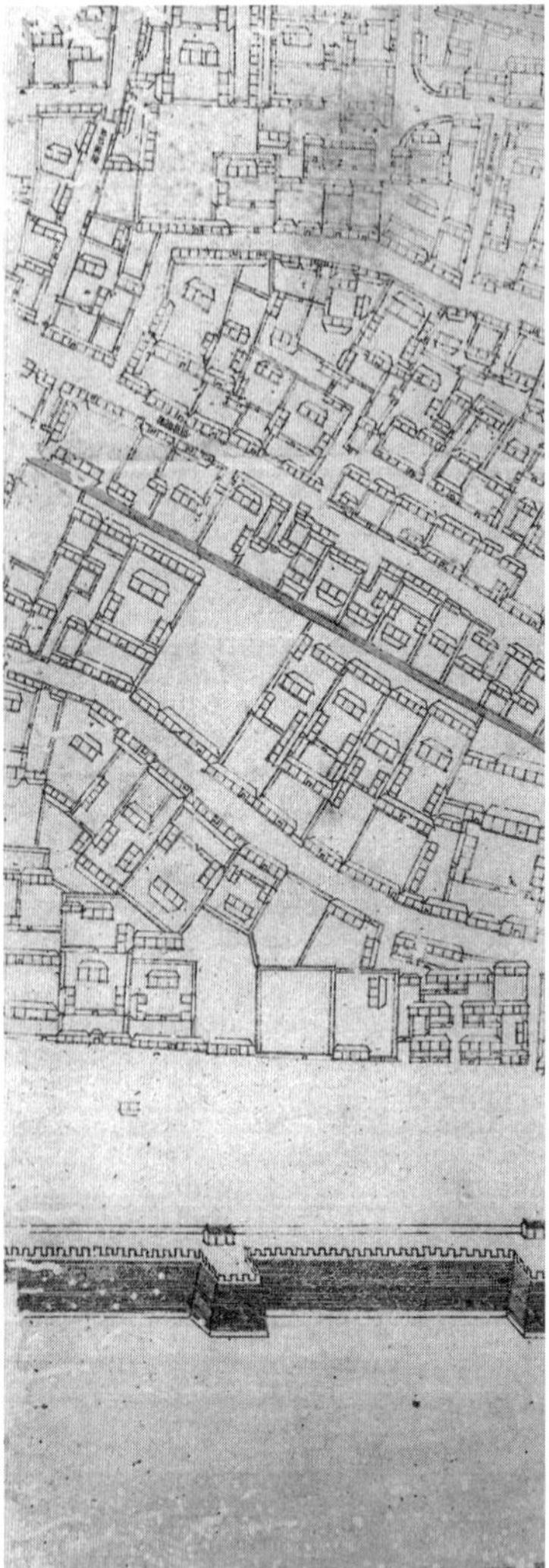

約五七坪ということになる。ヘタな建て売りよりよっぽど広い。
この地図の姿については、ほんの一部分を参考に載せたので、それを見ていただくのが一番だが、宮殿や寺院はもちろん、民家の一戸一戸まで詳しく描写されている。民家はかなり規格化されているような気もするが、それにしても、街の姿をこれほど詳しく知ることのできる地図は珍しい。図版ではわかりにくいが、川や池、丘陵などには、淡彩がほどこされている。また、記入されている地名も、三千をこえる（同じ地名の重複を含む）。
この地図には、題名がないだけではなく、作図者や画家の名、製作のいきさつを記した記事など、何も残されていない。しかも、不思議なことに、この後、清末まで、北京の詳しい地図は作ら

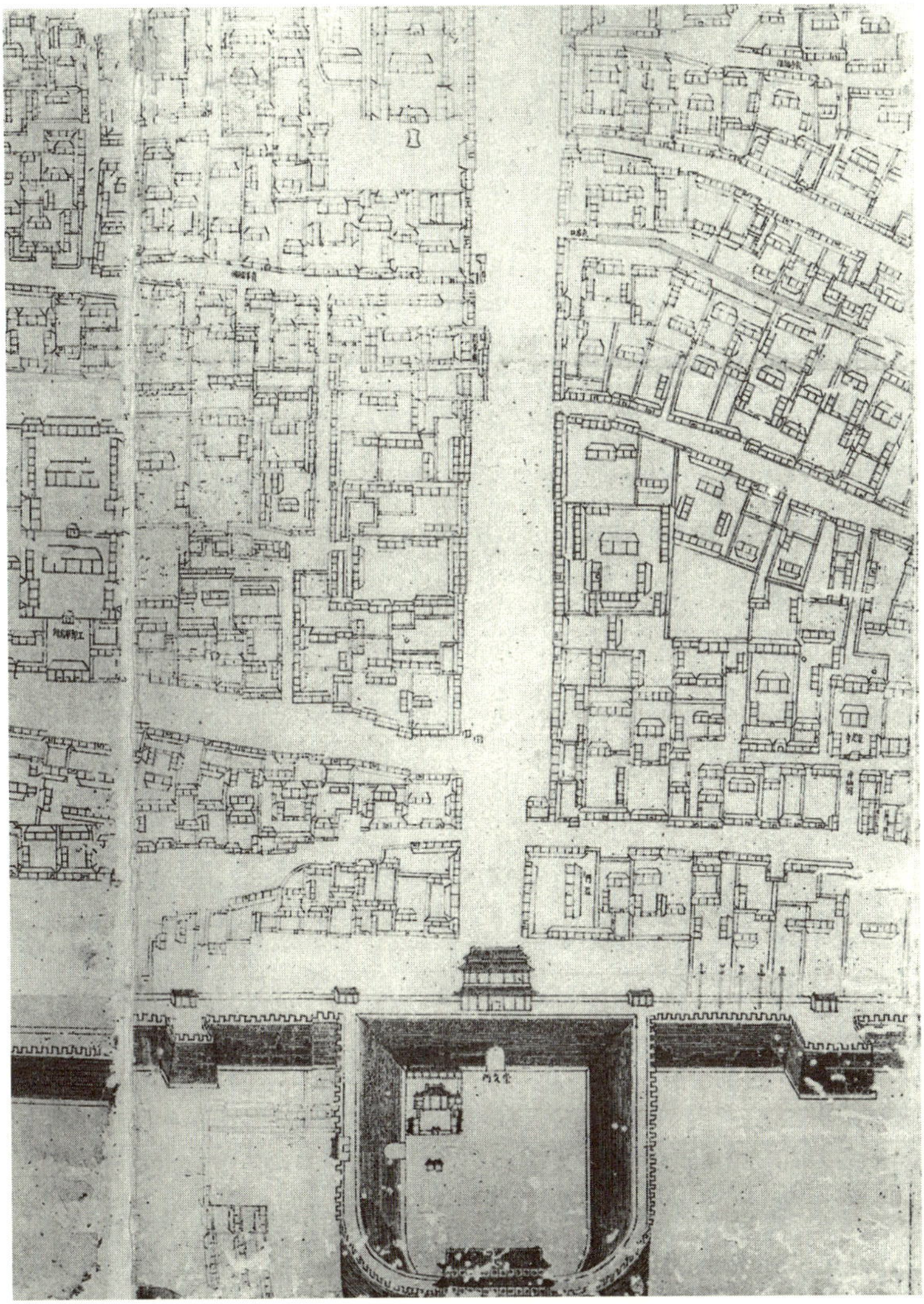

『乾隆京城全図』より、内城南側の崇文門付近の城壁と城内の市街地

れることはなかったらしい。故宮でこの地図が発見されたのは、民国二四年（一九三五）。日中戦争で北京があやうくなった時、故宮の文物は南京、重慶へと疎開したが、この地図は、文書反古の中に埋もれて北京に残された。そのために、一九四〇年に日本の政府機関である興亜院から複製が刊行された。どういういきさつかはわからないが、中国版も同時に出されていたようで、それには『清内務府蔵京城全図』というタイトルがついているらしい。現在この地図の原本は、北京の第一檔案館に保存されているようだ。

この一九四〇年の複製を入手することは、長い間容易ではなかったが、一九九六年に北京燕山出版社から新しい影印本が出た。九六年の複製はそう珍しくないので、機会があれば、図書館などで一見されることをお勧めする。ただし、九六年版はタイトルに、『加摹乾隆京城全図』とあるように、かなり墨が入っているように思われる。中国・台湾を問わず、文献の影印にあたって、不鮮明な箇所に墨を入れる習慣があり、原本の姿を失うことがままあるのは、どうにかならないものだろうか。

民国時代の北京郊外図

世の中には、ありそうで、実際にはなかなかないものがある。戦前の北京の地図では、城外の地図がそれだ。建国前の北京の地図を集めて五〇種近くになったが、ほとんどが城壁の内側の地図で、城壁に密接した地壇《ちだん》や日壇《にったん》などが添え物的に描かれているのがせいぜいだ。きちんとチェックしたわけではないが、城外まで描いたものは三、四点しか持っていないと思う。なので、『実測京師《けいし》四郊地図』という地図は、珍しい地図に入れてよいだろう。この地図が作られたのは民国四年（一九一五）で、作成者は「内務部職方司測絵処」とある。京都のR古書店から手に入れた。

地図の範囲は、東は高碑店《こうひてん》、望京《ぼうけい》だから、だいたい現在の五環路の外側まで、北も円明園の北側、清河《せいが》まで入っているから、これも五環路の外側になる。西は、北の方は香山《こうざん》が入っているが、西南は三環路と四環路の間、南は南苑《なんえん》の北側までだから四環のあたりと言ってよいだろう。これで、三万六千二百分の一の縮尺なので、ずいぶん大きな地図で、タテが一〇八センチ、ヨコが一三七センチある。

中国では、昔から城壁の内と外の区別ははっきりしていた。現在では、ほとんどの都市で城壁が撤去され、城壁の内外の区別がなくなって、市域が郊外へと広がってしまっているが、それでも、新聞に「郊区版」というのがあるように、市区と郊区の区別はある。まして、都市であるのは城内だけというのが、昔の中国の都市だった。しかし、北京くらいの都市になると、城外にはなにもなくて、ただ農村が広がるだけというわけではない。

この地図を眺めていると、作られた民国四年は、清朝が滅んで間もなくだから、北京の周辺に配置されていた清朝の八旗軍の駐屯地が、ちゃんとした形で見つかるのが、まず面白い。現在でも、西北郊外には「○○旗」という地名がたくさん残っている。あるいは、あちこちにお寺や廟が存在していて、現在では観光地になっているお寺が、元来はどんな環境の場所にあったのかがよくわかる。

もっと昔の北京に関係することも読み取れる。元朝の都の大都が現在の北京の原形であることは、すでに書いた通りだが（一〇二〜一〇三頁）、その城壁も現在よりたくさん残っているし、今の宣武区、豊台区にかけての地域にあった、もう一つ前の金王朝の都、中都の城壁の跡も、今世紀の

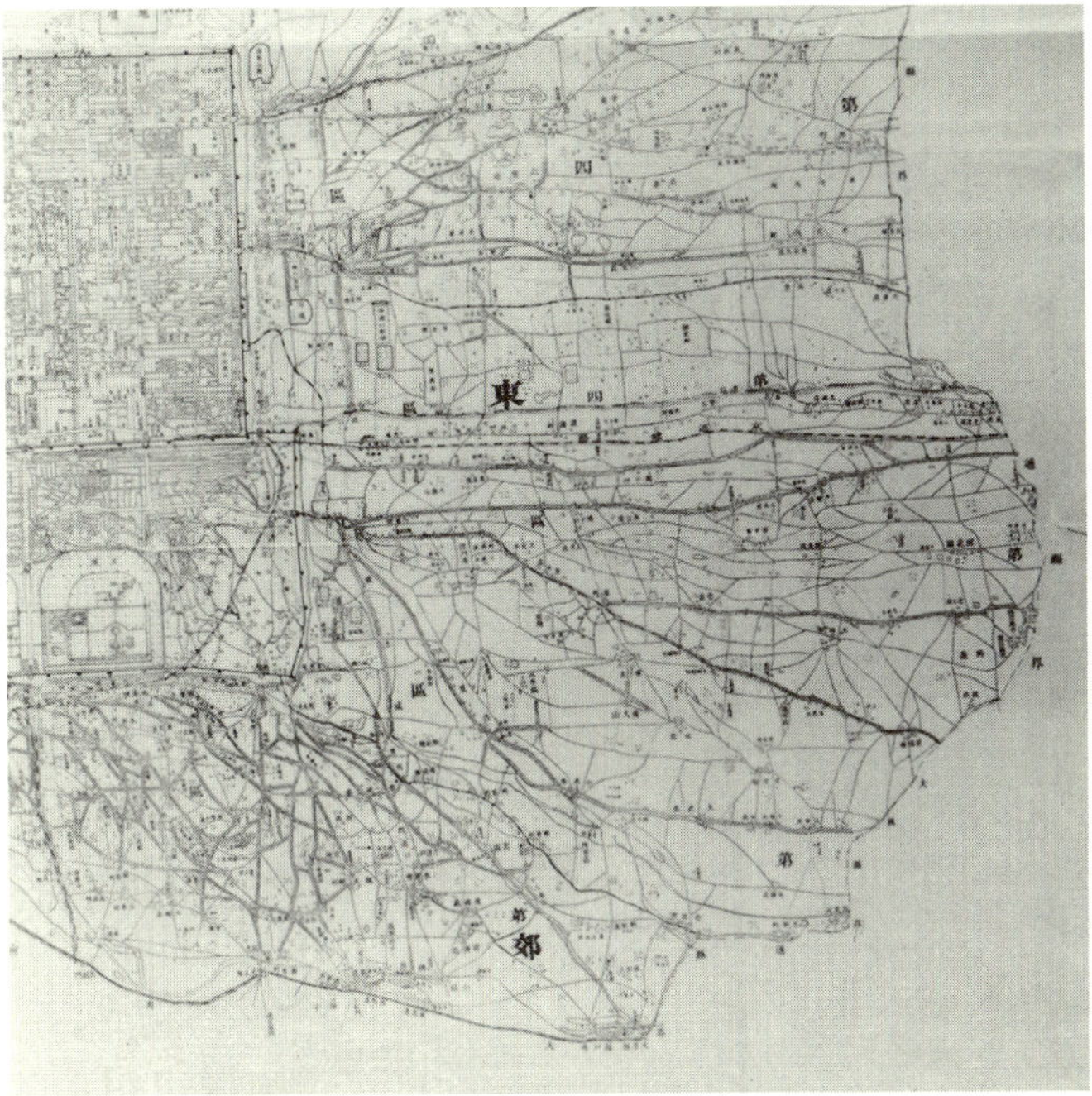

『実測京師四郊地図』より、城外東郊

初めにはかなり残っていたことが、この地図でわかる。こちらは、現在では、豊台区の鳳凰嘴《ほうおうし》などにほんのかけらしか残っていない。

この地図、何年も前にSさんのお宅で拝見して以来、欲しかった地図の一つだった。郵送されたばかりのR古書店の目録を持って外出し、見つけたその場で電話したので、おさえることができた。何かと目の敵にされる携帯電話だが、こういう時には役に立つ。もっとも、それ以前に実物を見ていなかったら、そこまで機敏に反応しなかったかもしれない。物集めに一般的に言えることなのだが、知っているものを見つけることはできるが、知らないものを見つけるのは難しい。

この地図には、同じ職方司測絵処作成の、『京都市内外城地図』という兄弟版がある。作られたのは、翌年の民国五年。ほぼ同じ大きさだから、対象範囲が城内だけと狭い分、縮尺は一万分の一と大縮尺になっている。コピーは持っているのだが、人間の欲はキリがないもので、こうなるとこちらの地図もどこかで見つけたいものだと願っている。

ところで、この地図の買値は一万円だった。お読みの皆さんは高いと感じられるか、安いと感じられるか、どちらだろう。いま中国のオークションに出れば、とても千元以下（一元＝約一五円）では買えないと、私は思っているのだが。ついこの間まで琉璃廠西街にあった中国書店文化遺産書店は、琉璃廠で私が一番好きだった書店だが、売り場は二階で、一階は古典籍の展示室になっていた。その壁にこの地図と『京都市内外城地図』が、パネルにされて並んでいるのを目にした時は、こっちならおれも持っているぞと叫びたい気持ちになった。

3 絵図と写真で見る北京

『万寿盛典』を見る

『万寿盛典』とは

ビジュアルな面から明清時代の北京を追いかけていこうと考えると、その基礎となる書物が二つある。一つは、日本で江戸時代に編まれた『唐土名勝図会《もろこしめいしょうずえ》』(中文出版社、ぺりかん社などの影印本あり)、そしてもう一つが、清朝の『万寿盛典《ばんじゅせいてん》』。いずれの書物も、当時の北京について知るための貴重な文献だが、ここでは、『万寿盛典』を紹介してみたい。『万寿盛典』は、一九九六年に北京古籍出版社から影印本が出版されて、利用しやすくなった。

さらに、『万寿盛典』は、私の宿題である、「戦前の北京に在留した日本人たち」というテーマにも関係なくはない。『万寿盛典』についての基本的文献と言えば、「康熙《こうき》万寿盛典図考証」をはじめとする小野勝年《おのかつとし》の研究で、ここで『万寿盛典』について書くにあたってもまず参照した。小野もまた、戦前に北京で活躍し、貴重な記録を残した邦人の一人だからだ。彼の関係した雑誌『北支』については、後に触れる（「民国時代の鉄道旅行案内書」参照）。また、瀧本弘之編『清朝北京都市大図典』（遊子館、一九九八）が刊行され、『康熙万寿盛典』の図版全部と、『乾隆八旬盛典』（『八旬万寿盛典』）の図版の一部が影印されているほか、版画研究家の瀧本弘之氏の解説がついている。また、各画面にその場面の簡単な紹介がついているのも便利だ。この文章を書くにあたって、瀧本氏の解説は有益だった。

では、『万寿盛典』とはどんな書物なのか。まず、そこから話をはじめよう。

清朝第四代皇帝の康熙帝は、康熙五二年（一七一三）に六〇歳を迎えたが、この本はその慶賀の祝典の様子を記録するために作られた。だから、内容の中心は康熙帝の長寿を寿《ことほ》ぐ詩文なのだが、全一二〇巻のうち、巻四一、四二には慶祝の風景を記録した版画が収められていて、これが『万寿盛典』を有名にしている。

原画となった絵が完成したのは康熙五六年（一七一七）。それに基づいて木版印刷で出版されたものが、北京古籍出版社の影印本の底本となった。全部で一四七葉の図版が一続きの画面となっていて、祝典に向かう康熙帝の行列が通過した、北京西郊の万寿山の暢春園《ちょうしゅんえん》から紫禁城の北門である神武門《しんぶもん》までの沿道の風景が、祝賀の飾り付けを中心に描かれている。

ただし、描かれている順序は逆で、神武門から画面がはじまる。その行方を追っていくと、当時は宮城の一部であった現在の景山《けいざん》前街、文津街《ぶんしんがい》を西へ、北海と中海を区切る金鰲玉蝀橋《きんごうぎょくとうきょう》を渡って西安門（現在はない）を出る。その先で北に曲がって、当時西大市街と呼ばれた現在の西四《シースー》大街を北へ進み、途中で西四の牌楼《はいろう》をくぐる。さらに北に向って新街口で西に折れて、西直門大街を西へ向かい、西直門から城外へ出る。ここまでが巻四一で、巻四二は城外の光景になっている。西直門を出て高梁橋《こうりょうきょう》を渡った道筋は、海淀《かいでい》と思われる集落を過ぎて万寿山に至る。城外になると、徐々に民家は減り、田園の光景になるが、沿道の飾りつけは延々と続く。一九八六年に出版された『明清北京城図』（地図出版社）は、明清それぞれの北京の大地図各一葉と索引からなっており、そのうちの『清乾隆北京城図』を脇に置けば、『万寿盛典』に描きこまれている道筋や、書中の寺や観、廟などを後追いすることが可能だ。

もちろん、慶祝の風景を描くのが主題だから、沿道の光景は、祝賀の芝居を演じるための戯台《ぎたい》（舞台）、飾り付けをした棚《ほう》（小屋）や綵坊《さいぼう》（アーチ）、牌楼、のぼり、康熙帝の万寿無疆《むきょう》を祈るための読経をする寺観、あるいは灯廊などが、画面の多くを占めている。しかし、それだけではなく、西四の牌楼や、西直門をはじめ、団城、白塔などの有名な景色はもとより、飾り付けの合間には、酒、茶、衣類、貴金属、骨董など各種の店舗や、沿道の人々の暮らしも描きこまれているし、城内では道の両側に四合院《しごういん》が並ぶ。

たとえば、図版は西四牌楼のすぐ北の部分だが、別の場面には祝賀の芝居を演じる戯台のほか、

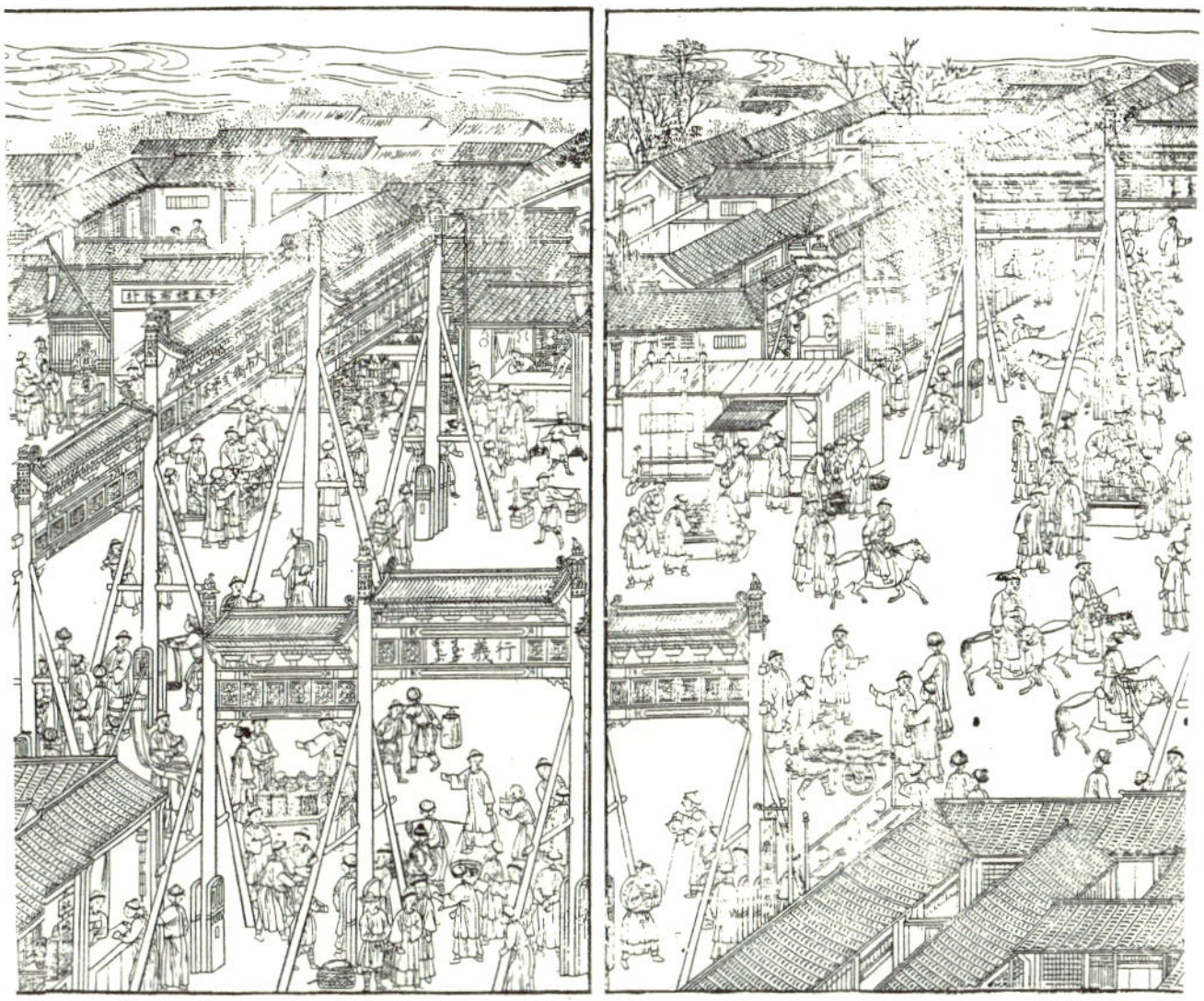

『万寿盛典』より、西四牌楼のにぎわい

茶や煙草を売る店、水売り、食べ物屋なども見えるし、子供のケンカらしい光景もある。また、家の中には幼な子を抱いた母親もいる。

柵欄と瓦屋根

このように、清朝時代の北京の景観を知る上で、『万寿盛典』は、たいへん有用な書物なのだが、その例として、柵欄《さくらん》のことを見てみたい。北京で柵欄と言えば、前門外の繁華街の大柵欄がまず頭に浮かぶが、『宣武区地名志』(北京出版社、一九九三)からの受け売りでは、この名前の由来は、次のようになる。

明の時代に、北京の各町を盗賊から守るために、当時大小一七〇〇ほどあった胡同

『万寿盛典』より、柵欄（画面中央）。手前にある舞台では芝居が演じられ、人だかりがしている

に柵を設け、夜になると閉じて、さらに人を雇って夜回りをさせた。やがて、町々の柵欄にも大小などの特徴ができるようなり、それが地名になるところが出てきた。そして、明の永楽年間（一四〇三〜一四二四）から商業地区として発展していたこの地域は、柵欄の規模が大きかったために大柵欄と呼ばれるようになったという。だから、柵欄の付く地名は、前門外の繁華街にだけ限られるわけではない。同じ宣武区にも、西の方、西便門の南側に東大柵欄胡同や大北柵欄胡同、小北柵欄胡同がある。こちらは、清朝時代の鑲藍旗《じょうらんき》の営房（兵舎）があって、その柵から名づけられたと書かれている。

こうした明清時代の都市の自衛、治安機能については、夫馬進《ふますすむ》氏に南京を主題とした研究があって、このような木戸や小屋は、北京だけでなく、南京、さらにその他の地方都市にも存在したことが紹介されており、『万寿盛典』の図も掲載されている（「明代南京の都市行政」中村賢二郎編『前近代における都市と社会層』京都大学人文科学研究所、一九八〇）。図版に柵と木戸が見えるのが、「柵欄」で、番人の詰める小屋の「舗《ほ》」をともなっている。「舗」は、元来は消防小屋や番小屋としての機能を持ち、宋代にまでさかのぼるものとされるが、舗の番号が、番地としての機能を持った。『万寿盛典』の図に見える「舗」にも、武具が備えられているものがある。

ところで、先に書いたように、この絵の主題は、祝賀の行列と、それを迎える北京の祝賀風景、とくに飾り付けを描くことだから、本来の街並みの前面に、芝居をしたり、祝賀の作り物を飾りつけた小屋が並んでいる場面が多い。さらに、基本的には行列の進行方向の右上から（東西の道なら南側から、南北の道なら西側から）の俯瞰が基本であることもあって、一番たくさん見える民家の姿は、屋根になる。画面のかなたまで続く屋根の波を見ていて、少なくとも城内については、ほぼ全部が瓦屋根で描かれていることに気がついた。この絵図としばしば対比される北宋の『清明上河図《せいめいじょうがず》』を引っ張り出してみたら、都市部においてはやはり瓦屋根が圧倒的だ。

『清明上河図』は、一二世紀初頭あたりの北宋の首都開封の（これについては異論もある）、『万寿盛典』は、一八世紀前半の北京の姿を描く。それぞれ中華帝国の帝都であり、しかもその繁華のさまを描くことを目的にした絵図だから、民家も立派な姿に描かれているのかもしれないが、中国で民家に瓦屋根が普及したのは、いつごろ、どのようなレベルでだったのだろうか。おそらくは、防火目的からはじまったのだろうが、こうしたことを知りたくなった。

『万寿盛典』のほかに、『南巡盛典』と『西巡盛典』の二つの書物も、同じ一九九六年に北京古籍出版社から影印されている。『南巡盛典』は乾隆帝の江南巡幸の、『西巡盛典』は嘉慶《かけい》帝の五台山巡幸の記録で、どちらの本にも、途中の名所旧蹟や行宮《あんぐう》の姿などが、名所図会風に掲載されている。版画としても優れているし、絵の数も多いが、『万寿盛典』のように都市の細部を描いたというような絵はない。もう一つ『幸魯《こうろ》盛典』という本もあるが、これは今回は影印されていないようだ。

『万寿盛典』はいくつある

実は、「万寿盛典」という名前の本は、もう一つある。これまで紹介してきたのは、康熙帝の還暦の祝いの記録だったが、『四庫全書』には二つの「万寿盛典」が収められている。一つはこの『万寿盛典』、もう一つは康熙帝の孫の乾隆帝の八〇歳の祝いの時に作られた『八旬万寿盛典』だ。乾隆帝が八〇の賀を迎えたのが乾隆五四年（一七八九）で、この年に編纂がはじめられ、完成したのは、三年後の乾隆五七年（一七九二）のことだったという。祝賀の内容を伝えることを目的としている康熙帝の場合とは違って、この本には、乾隆帝の治績を称える内容も含まれる。そして、やはり「図絵」の巻があって、祝賀の光景が描かれている。ただし、瀧本氏の解説にも指摘されているように、絵は康熙のものと比べると緻密さに欠け、作品としては落ちる。しかも、街並みや人々の暮らしの描写が少なく、史料としての価値を減じている。

私は、『八旬万寿盛典』は『四庫全書』のものだけで、出版はされなかったと思っていた。ところが、『清朝北京都市大図典』には、『八旬万寿盛典』の刊本の一部が影印されていて、乾隆五七年（一七九二）刊と記されている。あわてて調べてみたが、筆者がよく利用する図書館、文庫の類の蔵書目録には掲載されていなかった。小野勝年氏の論文を確かめてみると、氏も見ることができなかったと書かれているから、私ごときが知らなくてもしかたがないと、一安心した。

『清朝北京都市大図典』のことはさておくとして、今では『四庫全書』の影印版は、主な研究機関ならどこにでもあるから、必要な時にはすぐ参照できるし、コピーも取れる。しかも、二〇〇六年には、学苑出版社から『八旬万寿盛典』の刊本の影印本も出た。便利な時代になったものだ。見ることができなかった小野氏が聞かれたら、どう思われるだろうか。

それに、そもそも康熙帝の『万寿盛典』も、厳密に言えば一つだけではない。本になる以前に、

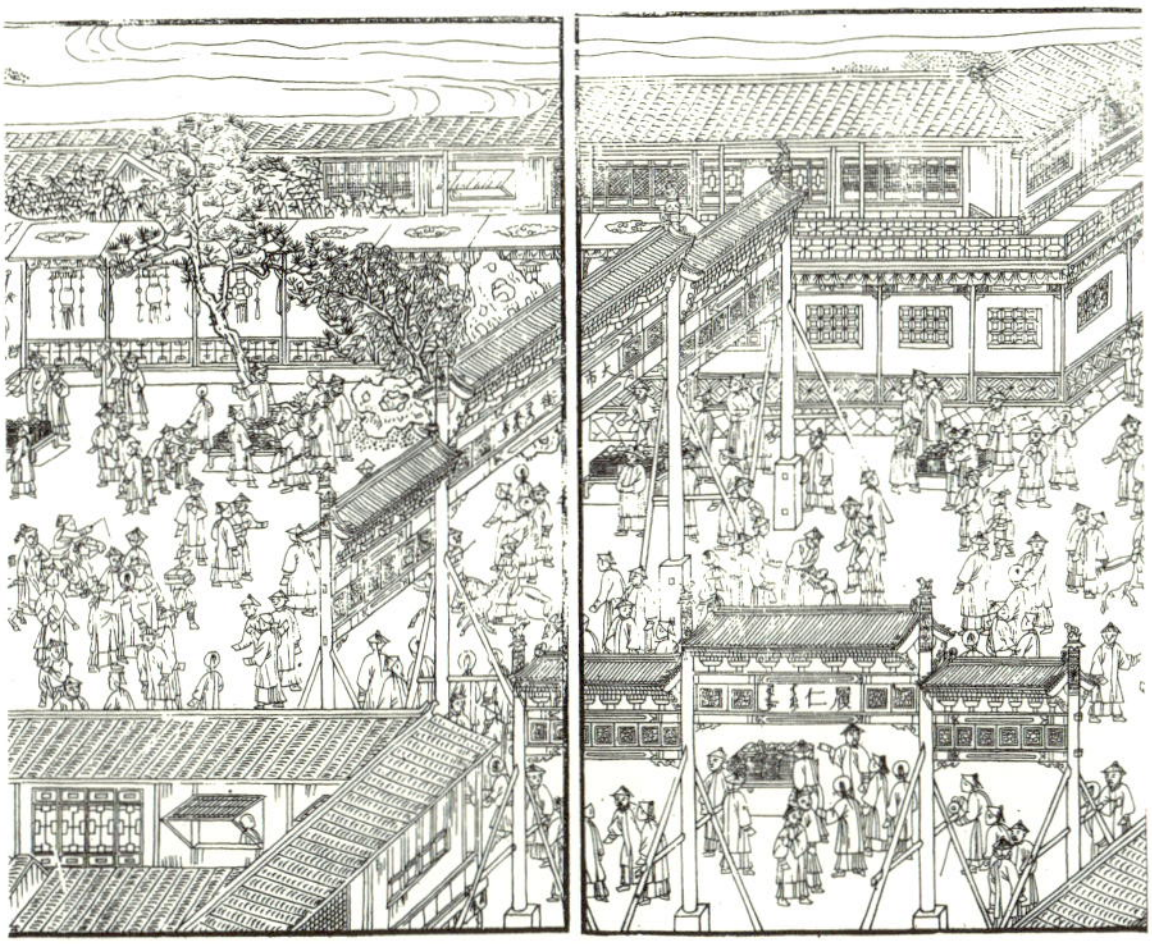
『八旬万寿盛典』より、西四牌楼のにぎわい

彩色の画巻が描かれている。瀧本氏によれば、本来の画巻は火事で燃えてしまい、現存するのは版本をもとに書きなおされたものだということだ。ついでながら、『四庫全書』の『(康熙)万寿盛典』は、当然のことながら写本だから、一般に知られている木版印刷のものとは異なっている。小野氏によれば乾隆の画巻もあるらしい。とすれば、「万寿盛典」はいくつあることになるのだろうか。ややこしくなってきた。

ところで、清朝で長命な皇帝と言えば、康熙、乾隆の二人だから、他の皇帝の「万寿盛典」は、たぶん存在しないだろうが、西太后の長寿の祝いの式典計画図が、故宮専門の雑誌『紫禁城』に紹介されたことがある。また、その他の行事を描いた絵巻、たとえば皇帝の婚礼のものは、日本で開かれた展覧会で見たことがある。あるいは、『南巡盛典』のような巡幸の絵巻としては、康熙帝の南巡の画巻が、やはり『紫禁城』の初期に連載で紹介されており(四〜九期)、その全貌を見ることができる。

ついでながら、北京と並ぶ江南の大都市、蘇州の繁栄のさまについては、『盛《せい》世《せい》滋生《じせい》図《ず》』(姑蘇《こそ》繁華図)という、乾隆二四年(一七五九)に作成された、長さ一二メートルをこえる絵巻を、遼寧省博物館が所蔵する。これについては、いくつかの影印本が出ているので、今日では容易に目にすることができる。さらに、神奈川大学から『東アジア生活絵引 中国江南編』として、細かな注釈と索引が出版されている。

『鴻雪因縁図記』の北京

麟慶と『鴻雪因縁図記』

北京資料としての絵について、もう少し見てみようと思う。『万寿盛典』以外に魅力的な挿図を持っている本はというと、『鴻雪因縁図記《こうせついんねんずき》』だと思うので、その中の北京の風景について述べてみたい。中国文学者の奥野信太郎は、「随園の女詩人たち」という文章の中で、『鴻雪因縁図記』について、

見亭が生涯経歴したところを、一々精妙な画をもって描き、これに達意明解の文章を附した、世にもめずらしい一種の自叙伝である。その画はすべて空想になるものではなくて、みな見亭が親しく訪れ、自ら見聞した景観を描いたものであって、覧者はひとしく見亭とともに実地を経る感

が深い。

と、その魅力を紹介している（『芸文おりおり草』平凡社東洋文庫、一九九二による）。

見亭とは、清朝時代の満族官僚であった麟慶《りんけい》という人のことで、金朝の皇帝の子孫の血筋だという。乾隆五六年（一七九一）に生まれ、道光二六年（一八四六）に死んだ。若くして科挙に合格した彼は、安徽、河南、貴州、湖北などの地方官を転任している。とくに水利問題に強かったらしく、その方面のポストに一〇年以上にわたって就いており、著書の『河工器具図説』は有名だ。

さて、奥野が紹介する通り、この本は、麟慶がその生涯の追憶を述べたもので、全三集からなり、話題ごとに挿図が付されて、全部で二四〇を数える。精緻な木版画で、版画としても鑑賞に堪える。もちろん現在の写真とは違って、実景そのままというわけにはいかないが、それでもすでに姿を消した建物や風俗を目にすることができるのは貴重だ。

麟慶は、やはり官僚であった父の任地の関係で、浙江省で少年時代を過ごしたから、本書の冒頭には、杭州をはじめとする浙江各地の風景が並ぶ。有名な場所では、蘇州の虎邱《こきゅう》や杭州の西湖、銭《せん》塘江《とうこう》がある。やがて、科挙の受験と合格、その後の内閣での勤務と、しばらく北京にいたが、旧中国の官僚の常として、以後は地方官としての勤務が続く。すでに書いたように、任地は全国にわたったから、挿図には中国各地の風景が描かれており、水利工事などの珍しい光景もある。

北京の半畝園

晩年になって、麟慶は北京に落ち着く。半畝園《はんぽえん》と名づけられた住まいは、弓弦胡同にあったという。弓弦胡同は、今の地名で言うと、東黄城根北街と美術館東街を東西につないでいた胡同だが、中国美術館の建設で、現在では大部分が消えてしまっている。

思い立って、他の北京の地志で調べてみると、半畝園は有名だったらしく、記事がいくつもあった。その一つ清の震鈞《しんきん》『天咫偶聞《てんしぐうぶん》』（校点本あり、北京出版社、一九八二）の中に、弓弦胡同内の牛排子胡同にあったと書かれていた。牛排子胡同は小さな胡同で、弓弦胡同の真ん中あたりから北へ延びて、東へ曲がって南北に走る黄米胡同に合流する。現在ではほとんど中国美術館の敷地になってしまい、残りは黄米胡同に併合された。陳宗藩《ちんそうはん》の『燕都叢考《えんとそうこう》』（一九三五）には、民国一〇年（一九二一）ごろまで屋敷は残っていたが、その後荒廃したとも書かれている。しかし、最近刊行された『北京胡同志』（北京出版社、二〇〇七）によれば、邸宅の一部は民家として現在も使用されており、東城区の文物保護単位にも指定されているとのことだ。『北京胡同志』には、建物のレンガに刻まれた「半畝園」の文字をはじめ、

『鴻雪因縁図記』より、麟慶肖像

『鴻雪因縁図記』より、「半畝営園」

何枚かの写真が掲載されている。

さて、『鴻雪因縁図記』には、半畝園の風景や、屋敷の裏の築山の上に置かれた書斎での読書の姿も描かれている。彼がこの屋敷を手に入れたのは道光二一年（一八四一）、五一歳の時で、この家に落ち着いたのは翌々年、死のわずか三年前のことだった。

半畝園に落ち着いてからの『鴻雪因縁図記』には、北京関係の挿図が三〇図ほど続くが、北京マニアにとっては残念なことに、北京城内の風景は少なく、郊外がほとんどで、五塔寺、円明園、西山の諸寺などが登場する。しかも、北京での暮らしは数ヶ月で、今度は河南での水利工事の監督に派遣される。さらに、庫倫弁事大臣（庫倫はクーロン、現在のウランバートル）に任命されたが、足の病を理由に官界を引退した。足の療養のための北京郊外の旅を中心とした一五景で本書は終わり、その翌年に彼は死ぬ。第四集の稿本が存在するという記録もあるそうだが、所在を知らない。

房山の金陵

『鴻雪因縁図記』に描かれた北京の光景から取りあげたいものが、いくつかある。

まず、房山《ぼうざん》の金陵（第三集下「房山拝陵」）。明の十三陵ほど有名ではないし、地上には目だった遺跡は残っていないが、金王朝歴代の陵墓は、北京西郊の房山区にある。二一世紀になって本格的な発掘調査と遺蹟整備が進んでいるようで、発掘報告書も出版された（『北京金皇陵』文物出版社、二〇〇六）。先に触れたように、著者の麟慶は金の皇室の子孫で、第五代皇帝の世宗から分かれた血筋の第二四代目であると、『鴻雪因縁図記』の中に書かれている。

清朝のもとをたどれば、金と同じ女真民族だから、清朝はこの金陵には敬意を払った。長城を越えて中国内地に攻めこんだ摂政王ドルゴンは、軍が北京城に迫った天聡三年（一六二九）、人を派遣して金の陵墓を祀らせている。

図版でおわかりいただけるように、挿図にはいくつかの建造物が描かれているが、乾隆一八年（一七五三）に、乾隆帝が荒廃していた金陵を整備させ、祭祀のための建造物も再建させているので、ここに描かれているのは、その建物だろう。この時麟慶の先祖も陪席したと、『鴻雪因縁図記』

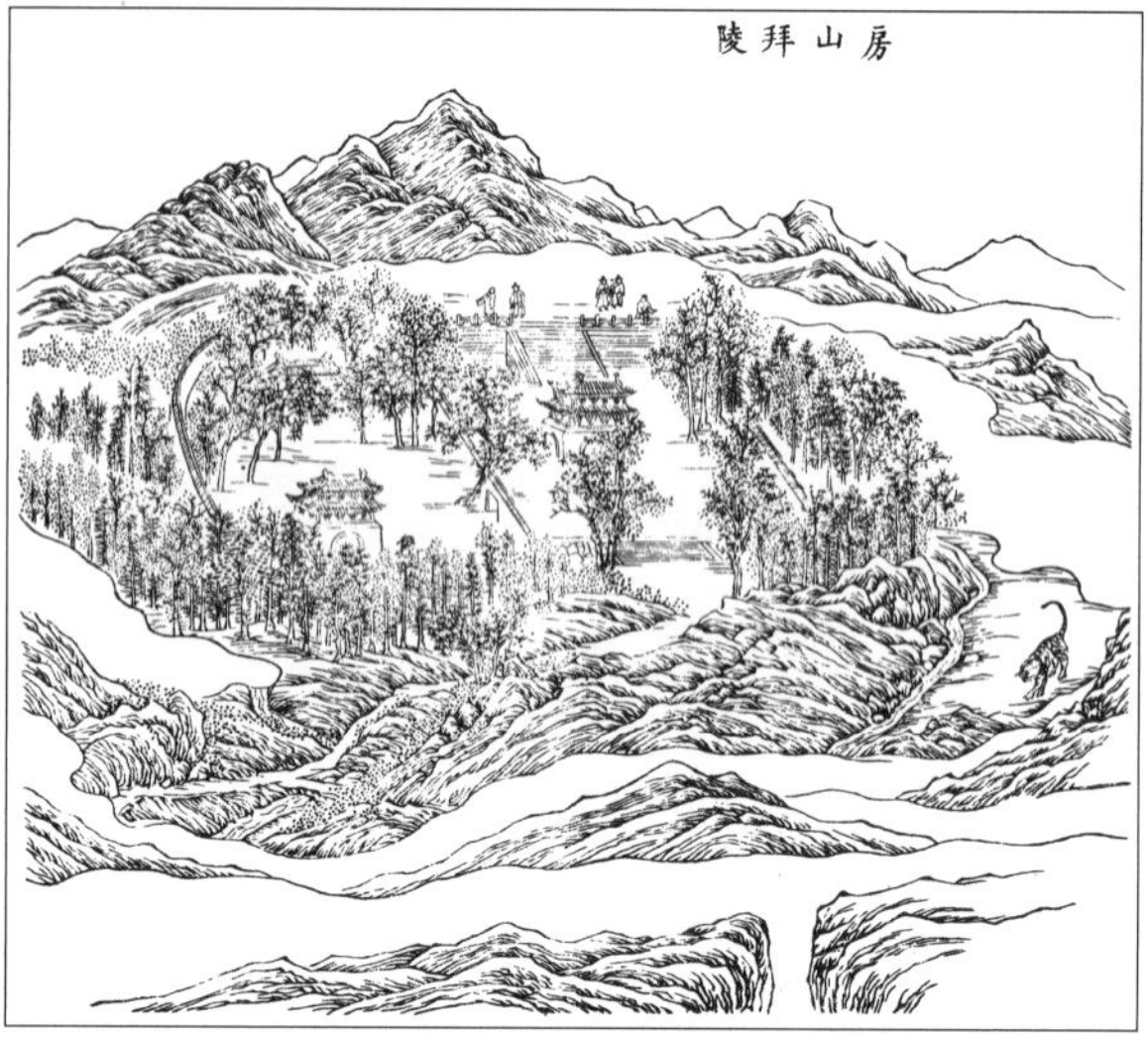

『鴻雪因縁図記』より、「房山拝陵」

に書かれている。こんなことが気になったのは、一九九五年の春に房山の金陵の故地を訪れた時に、大理石造りの建物の遺構が、あちこちに残っているのが目にとまったからだ。今から考えれば、それは清朝の乾隆帝が修復した時の建築の可能性が大きいということになる。

ところで、図の右端には虎が描かれている。かねて人から虎が出ると聞かされていた麟慶が金陵で参拝していると、遠くに虎が見えた。陵を守る人間から、これは「守陵の神虎」だと教えられたが、たちまち見えなくなったと書いている。

金陵は周口店の北、高速道路が使える現在では、北京から車で二時間とかからない。この金陵の記事は、道光二六年（一八四六）のことだが、当時はこのあたりにも虎が出没したのだろうか。一九九九年四月一二日付の『光明日報』は、中国国内の野生の東北虎は、二〇〇匹をきったと伝える。

『鴻雪因縁図記』より、「賜塋来象」

象と五塔寺

もう一つは、彼の家の墓地に関係する。彼の七世の祖の達斉哈《ダチハ》は、清朝の入関に従って北京へやってきたのだが、功績によって墓地を賜った。墓地は東西黄寺に近かったという。黄寺は、安定門外にあるチベット仏教の寺で、現在は西黄寺だけが残っている。『鴻雪因縁図記』第三集上の「賜塋来象《しえいらいぞう》」という節を読むと、このあたりで儀式に使う象の訓練をしていたということで、麟慶一行は象に出会っている。中国では、「太平有象」（天下泰平の象《しるし》あり）という言葉があって、象は吉兆とされているので、孫をつれて墓参にきていた麟慶はたいへん喜んでいる。

『鴻雪因縁図記』より、「五塔観楽」（部分）

また、五塔寺が描かれた図もある。似ているような、いないようなで、この絵などは、逆に本書の図版のリアリティへの評価を減ずるものかもしれないが、見ていただきたい。この寺は、現在は石刻芸術博物館となっている（「北京の石刻と碑林」参照）。彼はたまたまチベット僧の奏楽に出会って、その様子を詩に詠んでいる（第三集上「五塔観楽」）。

『鴻雪因縁図記』で述べられている麟慶の人生行路とその挿絵とは、日本でも共感をよんだらしい。佐藤春夫は、昭和四年に、「鴻雪因縁図記」という文章を書いて、この書物を紹介している（『からもの因縁』所収）。彼が読んだのは光緒五年（一八七九）の石版縮印本だが、佐藤は挿絵について、「細かい線などまで割合見事にうつっている」と述べて、気に入っている。この石印本は、北京の古書店では今でも見かけることがあるが、ここで私が利用しているのは北京古籍出版社から一九八四年に出た洋装三冊の影印本で、底本は道光二九（一八四九）年刊行の木版本。図としては、もちろんこちらの方がすぐれている。

絵葉書と写真帖

戦前の絵葉書

会社でも学校でも、何かお祝い事があると、配り物にテレフォンカードが使われた時期があった。もっと前は、こうした場合には絵葉書が決まりものだった。また、これだけ誰でもがカメラを持つようになるまでは、旅先で絵葉書を買うのが、ごく普通の習慣だったから、絵葉書はもっとわれわれの身の回りにあふれていたように思う。

絵葉書は、文献だけではどうしてもわからない、そして今では見ることのできなくなった旧中国のあれこれを、ヴィジュアルに示してくれるから、これもやはり「集める」の対象になってくる。

少し前のものだが、一九八五年に故宮博物院の六〇周年記念として出された、『昔日皇城』という絵葉書が秀逸だ。これは、戦前の故宮の写真を絵葉書にしたもので、傅儀《ふぎ》が故宮から退去する時の写真をはじめ、光緒年間の御花園《ぎょかえん》、やはり清末の紫禁城午門の様子など、七枚一組でわずか一元だった。だいぶたってもその値段のままで故宮の売店で売られていた。印刷は当然モノクロだが、それにしても安い。空港あたりで売っているものは別にして、中国の絵葉書は安いので、行くたびにまとめて買って帰っては、ちょっとしたあいさつや簡単な礼状などに使っているが、この『昔日皇城』が、受け取った人からいちばん面白がってもらえた。

旧中国社会の研究の資料に使うとなれば、集める対象は戦前の絵葉書が中心になってくる。中国へ渡航した日本人が多かっただけに、戦前の中国の絵葉書は、日本でもかなり買えるが、古書市場に出回っている絵葉書は、名所旧蹟や中国風俗をネタにした、土産物用のものがほとんどだ。ただし、絵葉書には、それ専門のコレクターがかなりいて、目を光らせている。古書の即売会などでも、絵葉書の出品されている場所には、必ず人だかりがしているから、本格的に集めるとなるとそんなに楽ではない。蘇州の名物出版社、古呉軒出版社から出版された『蘇州百年明信片図録』（二〇〇六）のように、北京の絵葉書集成が出てくれるとありがたいのだけれど。

写真帖と写真集

旧中国の資料となる写真は、絵葉書に限らない。『何何名勝』『何何風俗』といった名前を付けたアルバム形式の写真帖も、戦前にはお土産物として多数刊行されており、旧中国の写真をまとめて見ることができる。もちろん、写真帖にもいろいろあって、日本の東洋史学の創始者である内藤湖南が編纂した『満洲写真帖』（一九〇八、『内藤湖南全集』第六巻所収）は、瀋陽《しんよう》にある故宮や清朝の陵墓をはじめとして、清朝建国の史蹟など、清朝末期の東北地区で撮影した写真を、湖南の解説付きで出版したもので、当然の事ながら、選ばれた被写体といい、解説といい、第一級の資料となっている。中には、今ではダムの水面下になっている、清朝興起のきっかけとなった明との戦いがおこなわれたサルホ河の古戦場（遼寧省）のように、貴重な写真も含まれている。同じ場所の現状を撮影して、『新満洲写真帖』を作る計画があると聞いたことがあるが、その後どうなったのだろう。

『満洲写真帖』より、サルホ河の古戦場

ただし、この『満洲写真帖』などは別として、絵葉書にしても、アルバムにしても、著作権がいいかげんだった時代のこととて、同じ写真があちこちに出てくる。たとえば、次頁の雍和宮のチベット仏教僧の並ん

雍和宮のチベット仏教僧（『北京景観』1939）

だ写真などは、もとはいつ誰が撮った写真だか知らないが、昔の北京の写真帖にはどれでも載っていると言ってよいくらいだ。こういういわば定番の写真がいくつもある。

これまで紹介してきたのはいずれも戦前に出た絵葉書や写真帖だが、じつは、旧中国の写真を見るのには、べつに戦前の写真帖や絵葉書を古本屋で捜す必要はない。昔の中国を写した写真を集めた本は、最近でもいろいろ出版されている。よくできたものとしては、『旧京大観』（人民中国出版社、一九九二）や『旧京史照』（北京出版社、一九九六）があるし、また、写真史の本にも、たとえば『中国早期摂影作品選』（中国摂影出版社、一九八七）のように、清末から民国初期の写真を集めた本があり、昔の中国の、北京の姿を手もとで見ることができる。この手の本は、故宮に行けば、故宮書店や売店などにいろいろ並んでいる。ちなみに、故宮書店はよそにはない面白い本が見つかるので、私にとっての穴場だが、故宮の北端、御花園の東北角にある。使用している建物は、摛藻堂《ちそうどう》という名前で、清朝時代には四庫全書の要約である『四庫全書薈要《かいよう》』が収められていた場所だから、書物とは縁が深い。

生写真

戦前の中国の姿を記録したものとして、絵葉書や写真集の話を書いてきたが、図像記録の中で私の関心をもっとも引くものは、生写真だ。

「生写真」というと、何かいかがわしいイメージが浮かぶが、ここでは、戦前の中国の姿を見せてくれる焼付写真のことだ。最初に思い浮かぶものは、中国に旅行した人々が旅先で撮った写真だが、こうした個人の写真アルバムは、ごくまれに古書店に出ることがある。撮影者の関心で好きに撮られているだけに、絵葉書よりは図柄が類型的ではないように思われるし、意外な掘り出し物の光景もある。

個人の写真を集めた本としては、戦前では、北京の風物を題材とした写真の狙い目を解説した『カメラの北京』（不動健治、一九三九）という面白い本があり、普通の北京写真集とは違った写真が載せられている。そのころ撮影した写真を最近になって出版したものでは、『満洲旅情　一九三八年夏』（サンブライト出版、一九八一）もある。この写真を撮った飯田鐵太郎は、当時京大写真部に属し、後に高島屋の副社長になった人だ。

そして、ここで紹介したいのは、写真頒布会の写真だ。

中国大陸各地に撮影隊を派遣して、その撮影した写真の焼付を頒布会形式で売る組織が、戦前にはいくつもあった。『亜東印画輯《しゅう》』『亜細亜大観』などの名を、例としてあげることができる。そのうちでも、大連で桜井一郎という人がはじめた『亜東印画輯』が有名で、二〇年近くも継続した。

桜井はカメラのブローカーから身を起こし、大正一三年（一九二四）に、大陸の光景を撮影した写真を焼き付けてそれを頒布する事業をはじめた。最初は「満蒙印画協会」と名乗り、大正一五年に「亜東印画協会」と改名している。やがて、写真の頒布を受ける会員の数は一万人近くに達したが、桜井は昭和三年（一九二八）に急死した。事業はその後も継続されて、昭和一七年（一九四二）まで続いたという。

『亜東印画輯』の頒布は、毎月一回、キャビネ版の焼付写真一〇枚と台紙、それに簡単な解説を付けて郵送するというやり方でおこなわれた。頒布された写真には、絵葉書同様に類型的なものや、名所写真のたぐいも多いが、会の趣旨でもある、「大陸の現実を撮」したものも少なくなく、そこが興味をそそられる。頒布に際しては、会員向けの小冊子も同送された。冊子は、はじめは『足跡』、ついで『亜東』と改名されている。

『亜東印画輯』を見る

『亜東印画輯』の写真は、私個人は二百枚弱しか持っていないが、勤務先の奈良大学には、五百枚以上の写真が台紙に貼って綴じこまれたものがある。こちらの頒布時期は、第二九回頒布分から七六回頒布分までで、欠落が一部ある。時期によって頒布のペースが異なるかもしれないので、正確には言えないが、昭和のはじめ、一九二〇年代の後半の時期のものだとわかった。この二組には重複があり、これだけでは『亜東印画輯』の全貌を知るにはほど遠い。東北学院大学が購入した約千点の目録が、細谷良夫編『中国文化とその周辺』(東北学院大学、一九九二)に収録されているので、どのような写真が頒布されていたのか、おぼろげながら知ることができるが、大正一三年(一九二四)から昭和一七年(一九四二)までという長い期間頒布されていたものだから、これでも全部ではない。貴重な写真が少なくないので、どこかで完全な細目を作成してほしいものだと思う。

手もとの『亜東印画輯』の写真を見ると、セピア色に変色し、部分的に銀化が見られるものも多いが、現在ではすでに見られなくなった光景が少なくない。街並みや古い建造物が現在では消えてしまっているのはいうまでもないが、現存する被写体でもそれを取り巻く環境はすっかり変わってしまっている。たとえば、フフホトの王昭君の廟の写真がある。山は今も昔と同じだが、あたりの景色はかなり違う。墓前に立っている石碑は、一九七九年に私が訪れた時には、董必武の筆になるものになっていた。同じくフフホトの五塔寺の壁には、当時のポスターも一緒に写っている。

『亜東印画輯』より、「燕塵」

頒布会が大連にあった関係か、東北地方の写真が多い。また、手もとの写真の時期にたまたま集中していたのかもしれないが、雲南の写真が目立ち、山西や蒙古方面も多い。一つには、当時の日本の関心が向いていた方向を反映しているのであろうが、それとともに、こうした「秘境」が多いのは、このような写真の頒布を申しこむような人だから、普通の景色では興味を持ってもらえなかった可能性なども、考えてみる必要があるだろう。全体像を知りたいものだ。

もちろん、北京や上海といったところも取りあげられていて、有名どころでは、故宮や天壇、十三陵の石人、居庸関《きょようかん》の石刻などがある。上に掲載した「燕塵《えんじん》」と題された、もうもうと砂塵をあげながら多数のヤギの群が歩く光景などは面白い。第六九回には、「店頭表情」と題した一〇枚が頒布されていて、書店、料理屋、煙草屋、米屋、菓子屋、薬屋などの写真が収められている。

先にも書いたように、この頒布会では写真とともに『足跡』、後に『亜東』という月刊の小冊子を一緒に配布していて、その月に配布する写真に関連したものを中心に、研究家の文章を掲載して

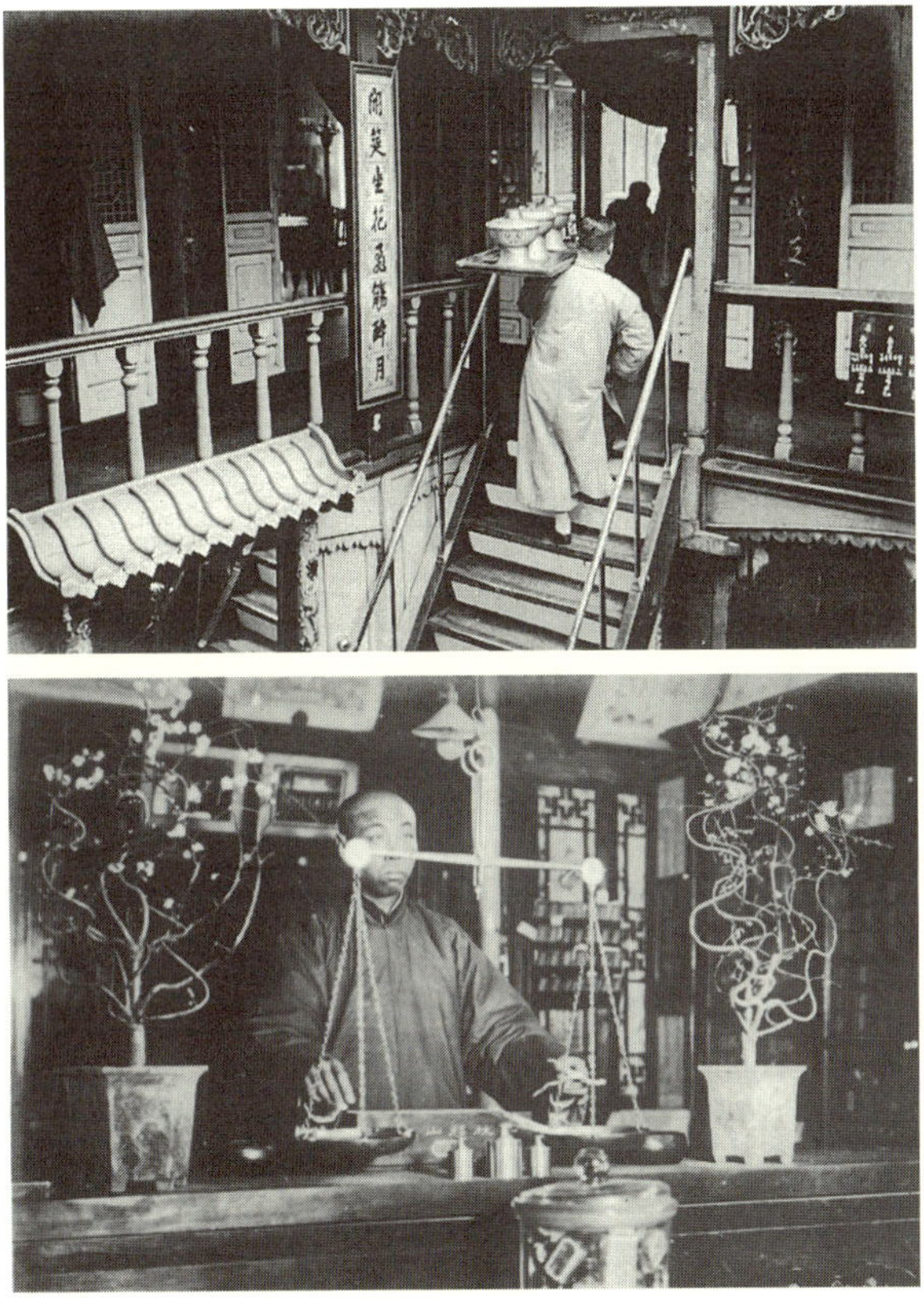

『亜東印画輯』第69回「店頭表情」より、上：料理屋　下：薬屋

いる。冊子の体裁は、今風に言うとB6判、毎号三二頁立てになっている。筆者の手もとにある『亜東』は、編集部で別に作成販売された合訂本だが、この本の造本が洒落ている。装丁の材料は藍で染められた中国木綿、見返しは故宮の瓦のような暗い黄色一色、貼り込まれた背文字も、同じ黄色い紙に印刷されている。じつに大陸趣味というか、よくできている。

そして、内容が面白い。執筆者を見てみると、まず目につくのが、官学系の学者だ。東京帝国大学教授で、東洋建築史の大家であった関野貞《せきのただし》、日本の考古学の開祖の一人である京都帝国大学の浜田青陵、旅順にあった南満工専の教授で、後に京都大学の建築史の教授となる村田治郎といった人々が執筆している。このうち、村田が『亜東』に書いた随想は、民俗関係のものが多く、現在でも有益な文献だが、一九七五年に刊行された『北方民族の古俗』(私家版、一九七五)にまとめられているることは、あまり知られていない。そして、それ以上に多くの頁を占めているのは、当時現地に暮らしていた在野の中国通の人々の寄稿だった。こちらは、後に書物にまとめられたりしているものは少なく、貴重な記録だ。

人民英雄紀念碑のてっぺん

まず、最初の図版を見ていただきたい。

これが何か、おわかりになるだろうか？

天安門広場にある、人民英雄紀念碑の写真なのだが……。

そんなばかな、とおっしゃるだろう。すぐ気がつくように、写真の紀念碑はてっぺんが平らになっていて、中国の伝統的な石碑の形に五つの星がデザインされている。じゃあ現在天安門広場に建っている紀念碑のてっぺんがどうなっているかだが、あまりに当たり前の風景なので、さてとなると思い浮かばない方も多いかもしれない。

この写真は、『首都人民英雄紀念碑設計資料』という本に載っている。

人民英雄紀念碑の建設が正式に決められたのは、一九四九年九月の政治協商会議。すでにそれ以

『首都人民英雄紀念碑設計資料』より、天安門広場に立てられた人民英雄紀念碑設計案の５分の１の模型

前から、デザインについての議論があったようだが、建設委員会が発足して、集められた設計案は一四〇種類あまり、高いもの、低いもの、いろいろあって、この本にも、中国式の門を三つ連ねるものや、平らなものなど、当時の設計案が載っている。最終的に立柱型に決まり、一九五一年の国慶節には、五分の一の模型が天安門広場に立てられて、意見を求められた。その光景が、この写真だ。

それ以後も、上に彫像を飾りつけるとか、展示室を基礎部分に作るとか、内部にエレベータを通して、頂上に作った亭《あずまや》に上がれるようにするとか、いろいろな意見が提出された。それらの案もこの本に載せられている。そして、最終的に、毛沢東の題字をメインにし、周囲を中国革命史の浮き彫りで囲うという、今の形に落ち着いた。しかし、碑のてっぺんをどうするかについては、まだ決定しておらず、本書の中でも意見が求められている。

正式に工事が始まったのは、一九五二年の八月一日（人民解放軍建軍二五周年）で、一九五五年の国慶節の完成が目指されていると、この本にはあるが、本の中では碑石はまだ立っていない。

この本の扉には、「首都人民英雄紀念碑興建委員会編印　一九五三年九月」と書かれているが、一九五三年一一月から五四年八月までの経過を書いた補遺があるので、五四年の秋に出たのだろう

『首都人民英雄紀念碑設計資料』より、各種の設計案

今も立つ人民英雄紀念碑

か。碑の落成後の天安門広場の夜景という写真が一頁だけあるのだが、これは想像図かもしれない。あるいは、後から入れたのか。

昨今の建築ブーム、都市改造の以前にも、建国後の北京には、大きくさま変わりした時期がある。城壁がなくなったのが一番だろうが、一九五五年は、まだまだ建設の途中で、この本には、天安門広場を囲む人民大会堂も歴史博物館も、まだ姿を見せていない。参考として載せられている北京の「高建築」の比較図を見ると、城内では、山の上にある景山《けいざん》の万春亭や北海の白塔を別にすると、白塔寺白塔の五八メートルが際立っている。近代建築で高いものは、せいぜい北京飯店や和平賓館くらいしかなく、それらにしても高さは三四メートルで、鼓楼・鍾楼はもとより、まだ残っていた城門のほうが高い。人民英雄紀念碑は三九・四メートルで、当時の北京では頭一つ抜け出していた。

天安門広場に行かれた時は、人民英雄紀念碑のてっぺんにも目をやってみていただきたい。

写真で見る一九五〇～六〇年代の北京

北京市街のパノラマ写真

戦前に出た、おみやげ用の名所アルバムの類や絵葉書は、収集の対象としてきたし、最近中国で多数出版されている昔の写真を集めた本もだいぶ集めた。外国人観光客相手の、かなり贅沢で豪華な、当然定価も高い本が多いが、だからといって安直に作られているというわけではない。いい写真が集められている例として、『旧京大観』や『旧京史照』の名前を先に挙げた。ただ、こうした本も、素材は絵葉書や写真帖の写真が中心で、真の街頭風景とは言い難い。また、前にも書いたように、同じ写真の使いまわしも目に付く。一方で、中国の一般読者を対象とした、昔の写真とそれにまつわる文章を集めた本も増えてきた。山東画報社が一九九六年から刊行している『老照片』シリーズあたりが、流行のきっかけだろうか。ただし、こちらの方は、写真にストーリーがからまっ

てくるので、我々にはなじみにくく、資料的にも使いにくいものが多い。

　ところが、少し前に故宮書店で『北京旧城』（北京市城市規劃設計研究院）という写真集を入手した。この本は、それらのいずれとも性格を異にしている。収録されている写真は、北京の各城門を中心に、一九五〇～六〇年代の北京の街の建造物とそれを取りまく景観だ（一部戦前や七〇年代の写真を含む）。建国後の北京については、十大建築をはじめとするモニュメンタルな建築や、有名な伝統建築についての本は少なくないが、このような本は見たことがない。撮影年次や撮影方向などが書き添えられている写真も多いから、おそらくは都市計画かなにかのために作成されたものだろう。

　中でも圧巻は、いくつかの大街、具体的には、前門大街、地安門外大街、東四《トンスー》、西四《シースー》などの連続写真で、五〇年代、六〇年代の北京の街並みが、見事に再現されている。とくに、阜成門《ふせいもん》から西四に至る阜成門大街の街並みの北側の光景が、写真の上で完全に繋がっているのはすごい。その後に文化大革命や昨今の大幅な都市改造を経

『北京旧城』より、阜成門大街のパノラマ写真。左端に見えるのが阜成門の城楼

た北京の、今日ではもはや見られない景観が再現されていて、画面の中には清朝以来の老字号（老舗）の姿も見出すことができる。

『北京旧城』という本の存在をはじめて知ったのは、『北京晩報』に、長安街の工事に関連して五〇年代の北京の写真がまとまって載り、出典としてこの本の名前が書いてあるのに目がとまったからだ。聞いたことのないタイトルだったので、その後の旅行では要チェックの資料の一つと考えていたのだが、琉璃廠などの書店では見かけず、結局見つけたのは、この手の本に強い故宮書店の書棚だった。

本には定価がついておらず、二〇〇元のシールが貼ってあった。街の本屋で見つけていればもう少し安かったかもしれないが、私にとっては充分それだけの値打ちがある本だ。序文も編集後記も一九九六年となっているが、奥付がなく、したがって書号（中国の書籍コード）もない。それまで書名を聞いたことがなかったし、一般への流通を考えていない特殊な出版物かもしれない。

この本を見ていて思ったのは、同じ場所の連続写真を撮影して、五〇年代と現状とを対比したいということだった。デジカメなら、現像代を気にする必要なしに、何枚でも写真を撮れる。しかし、本書を手にして街並みを見て歩いた経験では、同じ側の歩道からでは写真は撮れず、反対側の歩道からでは遠すぎて、どちらもうまくいかなかった。今後の北京歩きの課題となっている。

〈付記〉二〇〇八年にこの本の北京燕山出版社版を入手した。今回は定価も書かれており、「二〇〇三年一二月第一版」としてある。

名取洋之助の北京――岩波写真文庫『北京』

『北京旧城』が、それに掲載された一九五〇～六〇年代の北京の街の建造物とそれを取りまく景観が珍しく、貴重な写真集だとすれば、その一方で、日本にもこの時期の北京を撮影したすぐれた写真集がある。

その写真集とは、岩波写真文庫の『北京』で、刊行されたのは一九五七年。写真撮影は戦前にも中国で活躍していた名取洋之助（一九一〇～六二）。彼は日本に報道写真というものを確立した人物とされ、土門拳も彼の工房で育った。

岩波写真文庫には、『北京』だけではなく、『江南　蘇州・紹興など』『四川　揚子江など』『広州―大同　中国南から北へ』などの中国を主題にした名取洋之助撮影の巻があり、いずれも一九五七年に刊行されている。岩波写真文庫といってもご存じない方のほうが、今では多いかもしれない。B6判総アート紙の写真が主体の冊子で、『木綿』『石油』『正倉院』『蛔虫』『空から見た大阪』『家庭の電気』など、人文社会から自然科学、さらにドキュメントまで、幅広い内容で、いわば文化映画（この言葉も死語か）の冊子版と言える。数百冊が刊行されており、名取洋之助の中国シリーズは、その二百番台だ。

岩波写真文庫『北京』より、永定門。その後1960年代に取り壊されたが、2004年に復元された

本の寸法の関係もあって、一つ一つの写真が小さいのが残念だが、この『北京』は、同時代の中国の姿をビジュアルに紹介してくれるものとして、貴重な書物だった。今回思い出して、久しぶりに書庫から引っ張り出してみた。もちろん時代の空気を反映して、「新生中国」「人民が主人公の国」といったイメージにつながる写真も多いが、私のように古い街並みへの関心を持つ者にとっても、面白い写真がたくさん含まれている。

岩波写真文庫『北京』より、正陽門。左右に廟の建物が見える

四〇年以上前の北京の光景の中には、今日でも変わらないものもあれば、すっかり様変わりしたものもある。城壁は、「こわされつつある」と書かれているし、北京駅はまだ前門にあって、崇文門の踏切の写真もある。人民大会堂や歴史博物館といった十大建築が出現するのは革命一〇周年の一九五九年だから、それより前の北京の街の風景ということになる。

あるいは、前門の正陽門を正面から撮影した写真には、正陽門の前に建つ二つの建物がいっしょに写っている。戦前の地図を見ると、正陽門と箭楼との間の空間に観音大士廟と、関帝廟があったことがわかるのだが、これがそれだ。この写真は、戦後のこの廟の姿を伝えてくれる貴重な写真となっている。『北京旧城』のこの場所の写真は、ま横から撮影されたもので、それと思って見なければ、二つの廟の姿はわかりにくい。ちなみに、写真文庫の『北京』には、正陽門と同じページの下段に「人民広場」（天安門広場）の風景が掲載されているが、天安門には毛沢東の肖像画は見えない。また、広場拡張のために撤去される前の中華門の写真もある。

城壁の消えた都市

『失去的建築』（羅哲文ほか編、中国建築工業出版社、一九九九）という本がある。この本には、中国各地のすでに消滅した建物の写真が集められている。清朝の滅亡後、日中戦争、文化大革命、経済建設と、たくさんの古建築が失われてきた。この本に集められているのは、そうした建物の写真だが、この手の本によくある昔の本からの複製だけではなく、著者の羅哲文氏自身が撮影した写真が多い。この本は評判がよかったのか、二〇〇二年に増訂版が出て、〇三年には再版されているし、『永訣的建築』（百花文芸出版社、二〇〇五）という、やはりすでに地上から姿を消した建築の写真を集めた本も、羅氏にはある。

ところで、この数十年、つまり建国後に発生した古建築の消滅のうち、一斉にという点では、各都市の城壁の撤去が最大のものではなかろうか。『失去的建築』にも、蘇州をはじめ、いくつかの

『失去的建築』より、西直門

都市の城壁の写真が収められている。北京では、著者の羅氏自身が撮影された西直門関係の写真が面白い。柱だけが立った撤去の途中の写真などもある。

いつも思うのだが、中国にあって日本にないものはいくつもあるが、都市の城壁はその最たるものではないだろうか。中国へ出かけることができるようになるまで、都市を城壁が囲んでいるということや、そのまま下で暮らすということが、どうしてもぴんとこなかった。それだけが理由ではないが、私は中国の都市の城壁にずっと関心を持ってきた。はじめて本格的な城壁を見たのは、今から二十年以上前に西安へ旅行したときだが、城壁のすぐ下にある弘仁寺というお寺を見学して、城壁直下の気分を味わった。その後、平遥にも行ったし、北京の近くでは、正定、万全などで、壊れながらも残存している城壁を見て喜んでいる。そんな次第だから、この本の写真の中でも、各地の城壁と城門の写真が興味を引いた。

この本を見ている時に、別の必要があって、一九八一年に出た『陝西省地図冊』(陝西人民出版社)を引っ張り出してきていた。それで、この地図冊に見える城壁のことを思い出した。この地図冊は県単位で構成されているが、各県ごとに県の役所がある街の市街図が附されている。それを見ていくと、城壁が書きこまれている街が多い。

中国のほとんどの都市では、北京と同様に、一九六〇年代に城壁は撤去されてしまった。現在でも城壁が残っているのは、省級の都市であれば西安くらい、南京にもかなり残っていて、世界遺産登録を目指しているというが、完全ではない。もう少し小さい街では、湖北省の江陵、遼寧省の興城、そして世界遺産の街である山西省の平遥あたりが、城壁を持つ都市の有名どころだろう。

それが、もしこの地図冊を信じるなら、あくまでも一九七〇年代末ごろの情報だが、陝西省だけでもかなりの数の県城に城壁が残っていることになり、だいぶ話が違ってくる。地方都市には、まだかなり城壁が残されている可能性があることについては、愛宕元《おたぎはじめ》氏が、アメリカ国防省発行の航空地図ONCに、地上建造物として、walled と記入されているものがかなり存在することを、『中国の城郭都市』(中公新書、一九九一)の中で指摘しておられるのは卓見だが、今後、中国の都市、とくに城壁を研究される皆さんは、これらの省別の地図冊における城壁の表示も材料にされてはいかがだろうか。

4

北京旧景

——旅行記・案内記で読む北京

長城に遊んだ日本人

明治前期の中国紀行

日本人の長城旅行記のことを、明治時代、それも前半期を中心に書いてみたい。

明治の最後の年になる四五年、つまり大正元年は一九一二年だから、辛亥革命の翌年、つまり中華民国元年にあたる。日本の近代国家は明治維新からはじまり、中国の近代国家は辛亥革命からはじまるというイメージがあるから、やや意外な感じがするかもしれないが、日本の明治という時代のほとんどは、中国では清朝の支配した時代だった。

私は、今日では失われた昔の中国を知るための手助けにと、戦前の日本人の中国旅行記を集めてきた。現在までに五百点弱を集めたが、明治期のものとなると、市場に出ることが少なく、かろうじて二〇点をこえたところだ。近年、ゆまに書房が『幕末明治中国見聞録集成』正続二〇冊（小島晋治編、一九九七）を刊行して、全部で四四種類の明治の中国旅行記が影印されたので、手軽に読める資料が増えた（その後『大正中国見聞録集成』二〇冊も出た）。酸性紙の問題もあって、明治期の出版物については、閲覧や複写の制限をする図書館が出はじめているので、これだけまとめて復印してもらえたのは、たいへん助かる。

そこで、『幕末明治中国見聞録集成』を図書館から借り出して、暇な時に目を通しはじめたが、そこで目にとまったのが、明治二七年（一八九四）に出版された大鳥圭介《おおとりけいすけ》の『長城紀行』（『幕末明治中国見聞録集成』第一三巻）だった。

著者の大鳥圭介は、天保四年（一八三三）に赤穂の医者の家に生まれた。緒方洪庵《おがたこうあん》に弟子入りして、幕末には陸軍奉行になり、榎本武揚とともに五陵郭に立てこもった。明治政府に仕えてからは、明治二二年（一八八九）に清国在勤の特命全権公使、二六年には韓国公使も兼ねて、日清開戦の発端に大きな役割りをはたした。やがて枢密顧問官になり、男爵も授けられている。明治四四年（一九一一）死去（伝記事項は『国史大辞典』による、以下同じ）。

注目したいのは、この本が刊行された明治二七年という年だ。すでに書いたように、明治時代の日本人の中国紀行は多くないが、日清戦争より前となると、さらに少なくなる。この種の本の所蔵で有名な駒込の東洋文庫の解説付所蔵目録『明治以降日本人の中国旅行記』（一九八〇）には、戦前刊行の旅行記が約一七〇点載せられているが、そのうちで、日清戦争以前のものは九点しかない。国会図書館の明治期刊行物目録をざっと調べたところでは、やはり日清戦争以前のものは二〇点はない。『見聞録集成』にも、この時期のものは九点しか入っていない（いずれも幕末を除く）。ちなみに、拙蔵は五点。北京の記事があるものに対象を限定すれば、当然ながらもっと数は減る。

長城を訪れた人々

話を長城に限定してみよう。もちろん江戸時代にも、琉球使節として北京へ来た人がいて、旅の記録を残しているし（「琉球の使者の北京遊記」参照）、漂流民で北京まで送りとどけられた人もいるだろう。八達嶺のあたりの長城は、明の弘治年間（一四八八〜一五〇五）に造築されたというから、一六世紀の初めごろにあたり、日本では戦国時代だ。最初に長城を見た日本人は、漂流民か入明僧のどちらかではないだろうか。

ただし、私の関心は近代の中国紀行にあるので、話を明治以後に限定すると、日清修好条規が結ばれたのが明治四年（一八七一）、個別の談判のための特使は別として、北京に外交官が常駐するようになったのは明治七年、東四の六條胡同に公使館が開設されたのはその翌年のことだった。

この時期の日本人の中国紀行としては、著名な漢学者で、北京公使館の書記官でもあった、竹添《たけぞえ》井々《せいせい》（進一郎）の『桟雲峡雨日記《さんうんきょううにっき》』が有名で、平凡社の東洋文庫に訳注が収められている。明治七年（一八七四）の旅の、漢文による記録だが、陝西、四川、長江、上海への旅を書き残したもので、北京については、西便門を出て西へ向かう話だけで、長城は出てこない。一方、彼の漢詩文集『独抱楼詩文稿』には、明治己卯《きぼう》（一二年、一八七九）の「遊燕草」という連作があり、それには長城行の詩も含まれている。漢詩のみで文章はないが、私が今の段階で見つけた長城への旅の文献のうちで、この連作が一番早い。ただし、この旅行については、出発日が「九月十一日」と注記されているが、以後の日程については不明だし、北京に滞在していた井々は、もっと早い時期にも長城を訪れていたかもしれない。

少し時代が下ると、明治一七年（一八八四）に、やはり漢文紀行として有名な、岡千仞《おかせんじん》の『観光紀游』があり、長城遊記が出てくる。また、小室信介の『第一遊清記』も、この年のものだ。二人は一七年の九月二七日に、同じ武昌号で上海を出発しているが、岡は途中の芝罘《チーフー》で下船し、天津でも日を費やしているので、北京に入ったのも、長城に出かけたのも、小室の方が先だった。

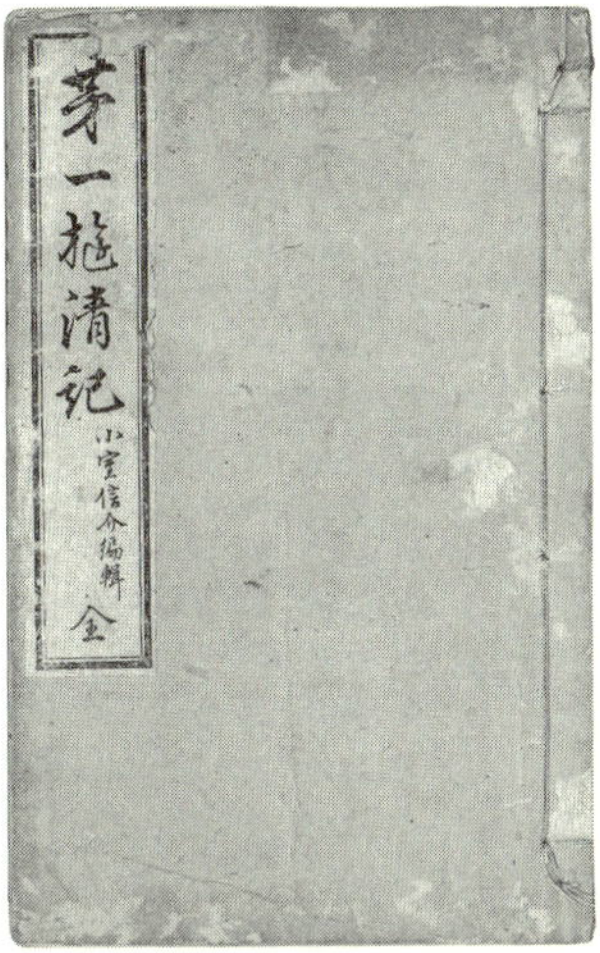

小室信介『第一遊清記』

『第一遊清記』は、小室信介が、『自由燈《じゆうのともしび》』という新聞に寄稿していた現地報告をまとめたものだ。小室は、京都の宮津生まれの自由民権運動家、ジャーナリストで、民権派の新聞や雑誌に多

黒田清隆『漫遊見聞録』より、「八達嶺長城」

数寄稿している。明治一五年に板垣退助が暴漢に襲われた時に発したとされる、有名な「板垣死ストモ自由ハ死セズ」は、じつは彼の言葉だという。小室は小説も書いており、著作は多く、『東洋民権家百伝』は、岩波文庫に収められている。

もう一つ、同じ明治一七年の後藤昌美の『在清国見聞随記』にも、明の十三陵と八達嶺を訪れた記事があるが、商業貿易の話が中心で、旅行記としてはあまり具体的ではないし、日時もわからない。さらに、翌、明治一八年（一八八五）には、政治家として有名な黒田清隆の『漫遊見聞録』という視察報告書がある。黒田は、六月一三日から二二日にかけて、八達嶺を越えて張家口《ちょうかこう》まで往復している。

ついでにもう少し変わった例を挙げておこう。原田藤一郎著『実践地誌北清事情』という本がある。明治二七年（一九九四）の刊行だが、序文によれば、著者の現地旅行の産物だという。とすれば、もっと以前の旅行の記録ということになる。彼は、満洲から山海関を通って河北へ入っているのだが、その長城についての記述は、「身は已《すで》に長城を過ぎたるに、未《いま》だ何物の来て眼を遮るなし、低佪顧望良久《ややひさし》うして、左方の山頂遥に堡塞《ほさい》の如き者幾個を認む」（読点・ふりがなは引用者）と、長城はほとんど姿をとどめていないように書かれている。もっとも、これは山海関あたりのことかと思われる。彼は八達嶺には行っていないようだ。

大鳥圭介の旅程

さて、『観光紀游』『第一遊清記』『漫遊見聞録』は、いずれも長城行にかなりの紙数を割いてはいるが、あくまでも長編の中国紀行の一部だ。一方、大鳥の『長城遊記』は、長城への遊記だけの本文七四頁の単行本で、道中で作った漢詩や和歌がふんだんに盛りこまれており、後の時代まで見わたしても珍しい。というわけで、この本に注目したい。

では、『長城遊記』を手がかりに、大鳥圭介の旅の跡を追ってみよう。本が出版されたのは明治二七年一二月だが、旅行したのは二五年（一八九二）の四月だった。出発は、四月二一日の早朝で、一行は日本人が大鳥以下、鄭永勝《ていえいしょう》（交際官試補）、田中信政（書記生）、船津辰一郎（私費生徒）の四名、従者に中国人が二名付き、ラバに引かせた車を四輌用意して、大鳥以下の四名は三輌に分乗し、残りの一輌は食料などの運搬に使っている。なかなかの大部隊だった。このことについて

『北京名勝』より、馬車

は、後で触れるとして、明治三九年（一九〇六）に北京で出版された『北京名勝』（山本讃七郎編、北京・山本照相館発行、明治四二年再版）から、当時の馬車の姿を見ていただくこととしたい。

まず、この一行について見ておこう。鄭は、長崎通事の家の出で、父も弟も外交官として日中交渉にかかわっている。こののち天津領事などを歴任し、義和団の北京攻撃に際しては北京に籠城した。退官後は、袁世凱の嘱託として塩業関係に従事した。船津は、このとき二〇歳、大鳥の書生だったが、後に外務省に入って、中国畑を中心に活動し、退官してからは上海で紡績方面に関わった。終戦に際しては、在留邦人の帰国に尽力し、一九四六年に帰国して翌年に死去しているから、明治から終戦までの日中関係にずっと関わっていたことになる。船津には、在華日本紡績同業会編の伝記『船津辰一郎』（一九五八、大空社復刻あり）がある。

さて、公使館を出発した大鳥圭介一行は、長城へ行く前に昌平県小湯山《しょうとうざん》にある温泉（乾隆帝の離宮）と十三陵を見物しようということで、安定門から城外へ出た。立水橋で昼食をとり、馬房（馬坊）を経て、五時に湯山に着いた。湯山で宿泊して離宮を見物し、入浴もしている。なお、一八八九年（明治二二）四月に、大鳥一行が湯山温泉に一泊旅行した資料を紹介する中国の論文（『紫禁城』二七、一九八四）もあるが、確認できていない。

小湯山離宮は、清の康熙帝にはじまり、乾隆帝の時にたくさんの建物や庭園が整備されたが、その後荒廃していていった。現在では温泉療養所となっている。国際薬膳博物館なども作られていて、ガイドブックにも載ってはいるが、今日では北京在住の日本人でも行ったことのある人はあまりいないようだ。しかし、明治時代には訪問する日本人は多かった。大鳥以外では、竹添井々の『独抱楼詩文稿』に、長城行の続きに湯山温泉の詩があるし、当時の邦文雑誌『燕塵』などにも旅行記が載っている。また、内藤湖南、諸橋轍次《もろはしてつじ》などの旅行記にも記事がある（湯山温泉については、一六六〜一六七頁参照）。

さて、大鳥一行は、翌日にまず十三陵を見物し、昌平県城に泊。三日目に、長城の入り口にあたる南口《なんこう》に泊まり、四日目にやっと八達嶺にたどり着いている。帰途の彼らは、西へと足を向け、臥《が》仏寺《ぶつじ》、碧雲寺《へきうんじ》、西山《せいざん》八大処などの西山の名所を巡っていて、八泊九日の大旅行となっている。

大鳥の場合、長城だけを取り出しても、雨のせいもあって、まる二日かかっている。この時代に旅行するのはなかなか大変だったから、出かけるからには、長城や十三陵だけではなく、万寿山や西郊の名勝をあわせて見物するのが普通だったらしい。すでに紹介した、明治一七年の小室信介や岡千仞も、その旅程をたどってみると、それぞれ四泊五日、五泊六日の旅行となっていて、西山の方へと足を延ばしている（旅程後掲）。

長城への旅の姿

この当時、すでに在留邦人の長城旅行は盛んだったらしく、小室一行は、長城からの下り道で、秋山鑑三などの四人連れとすれちがっている。また、これらの旅行記を見ていると、西山が欧米人の避暑地となっていて、たとえば米国公使が三山庵《さんざんあん》を使っていたことも書かれている。北京城内だけではなく、郊外にも外国人の足跡が広がっていたらしい。

ところで、「中国鉄道の父」詹天佑《せんてんゆう》によって、北京から張家口までの鉄道が敷設され、今日でも長城へのアプローチに使われる南口や青龍橋の駅ができたのは、一九〇九年、つまり明治四二年のことだったから、ここで取りあげている書物の書かれた時期よりずっと後のことになる。この時代の長城への交通手段は、騎乗か車、あるいは輿《こし》だった。大鳥圭介の一行はラバに引かせた車を四輛用意して、乗用と食料などの運搬に使っているし、小室信介は、馬車二輛、ロバ二頭を、岡千仞は、馬車二輛とロバ一頭を、それぞれ用意して出かけている。大鳥はいよいよ長城への坂道に差しかかると、山轎《やまかご》を利用している。

たいへんなのは移動手段だけではない。旅立ちに当たっての準備について、大島の表現を借りれば、「此国《このくに》の駅路には一二の旅舎あれども、食料衾褥《きんじょく》の備なきがゆえに、旅人各々自ら之を齎《もたら》さざるを得」ず（読点・ふりがなは引用者、以下同）、その結果「一家数人移住の体を為」していた。しかも、旅館は泊めるだけで、料理は一行の従者が作るのだから、夕方に到着してもすぐには食事ができず、早起きしてもそのまま朝食はとれない。一日三食ごとに一時間余りの時間を浪費し、さらに御者が自分の食事を終えて、馬に飼葉《かいば》をやってから出発するから、また半時間ほど待たねばならなかった。この文章の最後に掲載した旅程の中に昼食地点への到着時間を記入しておいたが、現在の感覚から見ればずいぶん早い時間に着いているのには、こうした理由があった。一行が大部隊になったのも当然だろう。

また、小室は、「我が邦にて東京より日光に遊覧する者が、東京より馬車二輛を雇い、夜具蒲団、其の他日用品を積載し、料理人をも従えて旅行すと云はば、驚き入りたる贅沢にして」と嘆き、「約言すれば、支那の旅行は、東京にて中等の書生が毎日宿替えするが如く、朝に夜具毛布其他必需の物品を車に積み、夕に之を出して席を作るなり」と書いている。旅館については、その他にもいろいろなことを彼らは書き残しているが、ここでは省略する。

もっとも、明治二五年の大島と一七年の二人との間でも、すでに旅行を取り巻く環境の変化が生じている。長城行のクライマックスの南口から八達嶺への山道について、小室や岡の旅行記では、いかに危険な難路だったかの描写があり、たとえば、小室は「高低凸凹屈曲犬牙、其の険悪殆ど名状すべからず、之を日本内地の難路に比せんに、比較すべきものなし、若し驢子《ろし》にして一歩を誤り蹶《つまづ》くときは、驢上の人は忽ち顚落して、岩石に触れ、頭を挫き、手足を折り、甚しきは砕けて肉泥となるべし」と描写する。一方、大鳥は、両三年前までは道が悪く、「車行は勿論歩行も困難なりし由《よし》」だったが、岩を火薬で取り除いたり、道に砂を入れたりして、今では「平夷広濶《へいいこうかつ》、騾車《らしや》を行《いかせ》るに足」り、「澗道《かんどう》の険阻なりとの説は、すでに古話に属」すると述べている。また、そのために新路修理費を徴収していたことを、金額とともに書き残している。現在では高速道路となっているが、八達嶺越えがモンゴル高原への幹線道路であり、道路整備がおこなわれていたのは、今も昔も変わりがないようだ。

清朝末期の離宮

ところで、これらの旅行記を読んでいて気になったことに、清朝の施設の管理がある。たとえば、上に書いたように、大鳥は小湯山の乾隆帝の離宮の浴池《よくち》で入浴している。彼が旅行した明治二五年（一八九二）は、清朝の年号に直せば光緒一八年で、西太后が権勢を振るっていた。大鳥よりおよそ五〇年前に湯山温泉を訪れた人に、麟慶（一七九一〜一八四六）がいる。精緻な挿図をともなっていることで有名な彼の半生記、『鴻雪因縁図記』については、すでに紹介した（「『鴻雪因縁図記』の北京」参照）。道光二五年（一八四五）に脚疾で官界からの引退を申し出た麟慶に、温泉が効くと勧める人がいて、小湯山へ出かけている。麟慶によれば、離宮にはさまざまな建物があり、厳重に閉ざされて入れないが、周囲に民間の宿屋があって、池を掘って温泉をひいていたとある。つまり、五〇年ほど前には、入浴どころか見物もできる状態ではなかったわけだ。それとも、外国人は特別だったのだろうか。

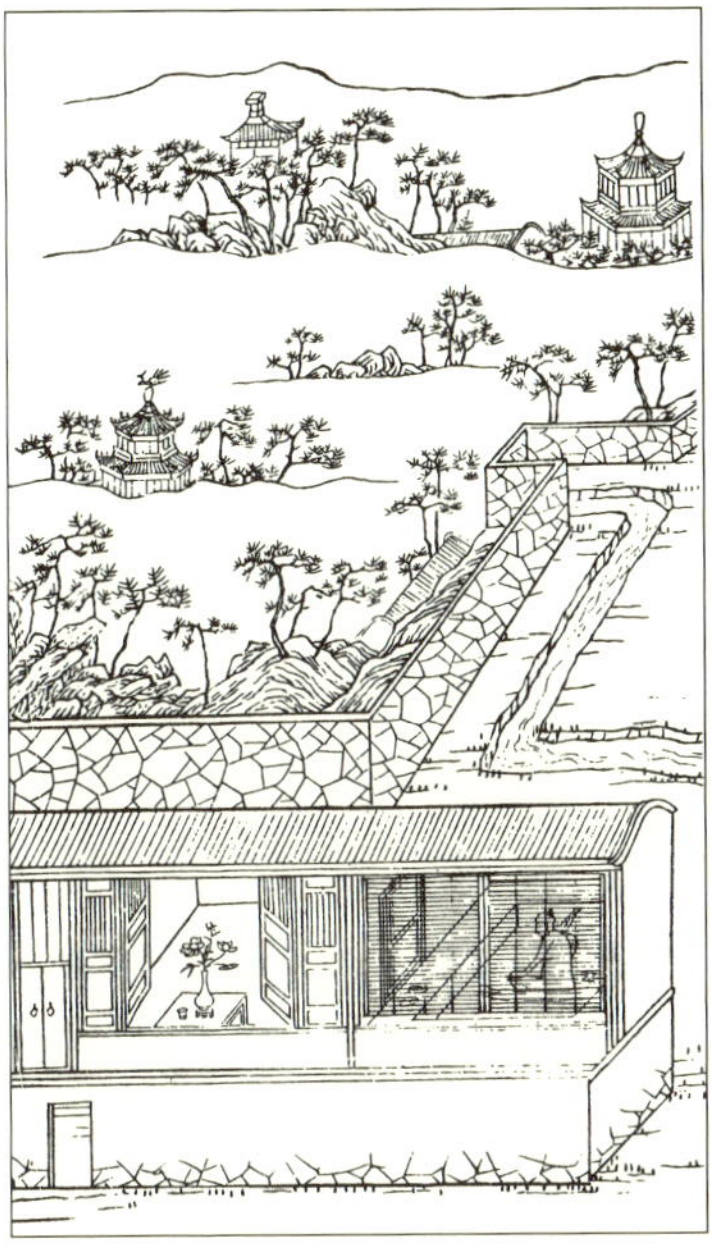

『鴻雪因縁図記』より、「湯山坐泉」（部分）

また、明治一七年の小室や岡は、円明園や万寿山の内部に入っている。英仏連合軍による劫掠の後とはいえ、かりそめにも離宮のはずなのだが、管理はかなりずさんだったらしい。西太后が万寿山を整備して頤和園《いわえん》を作るのは、この二人の旅行と、大鳥の旅行との間の光緒一四年（一八八八）だが、大鳥によれば、彼がおとずれた時でも、守備兵は居たものの中へ入るのは容易で、周囲の壁を修理して警戒を厳重にしていたが、それでも一覧の手段がないわけではなかったという。もっとも、大鳥自身は、折り悪しく西太后が滞在中で宿望をはたせず、残念がっている。

旅行記の持つ意味

話は現代の長城に飛ぶ。ついこの間までは、長城へ行くのに、渋滞なしでも市内から二時間あまり、最近では高速道路を利用すれば、一時間ほどで行ってしまう。それにしても長城と十三陵で一日つぶれるのが普通で、団体旅行に参加するたびに付き合わされて、もうたくさんという方も多いのではないだろうか。私も、北京の長城と西安の兵馬俑とは、歴史に興味がない人でも一度は見る値打ちがあると、人にたずねられれば勧めることにしてはいるが、自分自身はと言えば、何回も行くところかと考えてしまう。団体旅行に参加していても、できればその日はキャンセルして、北京市内で個人の用を済ませたいというのが、正直な気持ちだ。

しかし、考えてみると、北京にはたくさんの観光地があるが、長城や十三陵を除くと、郊外に出る必要のある観光地がない（周口店や房山へ行けば別だが）。道中の時間がもったいないとはいっても、華北の農村部を瞥見もせずに高速で素通りというのも考えものだ。その点では、二時間のバス旅行も悪くなかったのかもしれない。とすれば、七日も九日も馬車やロバで旅行しているのだから、明治の旅人の目には、我々以上にいろいろなものが見えたはずで、これまで取りあげた紀行にも、そうした記述が少なくない。これらの書物の記述を読んでいて、長城、十三陵という、こちらにもある程度は見聞の経験のある場所のことだけに、知らない土地の話とは違って、なるほどと思ったり、考えさせられたりすることが多かった。すでに近代化の途上を進みつつあった日本人の側からの観察の記録として、日中間にギャップの生じはじめている点にも注目したい。これらの旅行記はもっと読まれてもいいのではないだろうか。

我が国では、過去の日本人の中国旅行記についての関心は、竹内実氏などの研究はあるものの、まだまだそんなに強くないように思う。そんな中で紹介しておきたい本がある。カリフォルニア大学サンタバーバラ校教授のJ・フォーゲル氏が、一九九六年に出版したThe Literature of Travel in the Japanese Rediscovery of Chinaで、戦前だけでも四百件をこえる日本人の中国旅行記を参照して、日中関係の歴史と日本人の中国観の変遷を論じた大著だ。

【参考】

大鳥圭介一行（明治二五年四月、八泊九日）

二一日　安定門を経て、一一時二〇分立水橋着、昼食。馬房〔馬坊〕を経て、湯山泊。

二二日　六時に朝食後出発、一〇時四〇分昌平県城着、昼食。午後、十三陵、五時現地発、昌平県城泊。

二三日　八時発。雨。午前一〇時二〇分南口着、南口泊。

二四日　七時発（ロバ、山轎）、居庸関、石仏寺などを経て、一〇時二〇分八達嶺着、長城で昼食。一一時三〇分現地発、三時三〇分南口着、南口泊。

二五日　八時南口発。土楼を経て、一〇時二〇分羊

房〔陽坊〕着、昼食。砂磵〔沙澗〕、聶家荘、醇親王墳〔七王墳〕、大覚寺、三教院泊
二六日　三教院で昼食。白龍潭、黒龍潭、西北旺。六時青龍橋泊。
二七日　八時発、臥仏寺、碧雲寺で昼食、泊。
二八日　九時三〇分発、西山八大処、三山庵で昼食、泊。
二九日　九時発。八里荘を経て、阜成門より入城。二時公使館着。

小室信介一行（明治一七年一〇月、四泊五日）

一行は、奥青輔（農商務省権大書記官、後に水産局長）、峯寛次郎（同御用掛）、呉永寿（後に三井物産北京支店長）の四人と中国人の従者二人。馬車二輛、ロバ二頭を用意している。

一二日　沙河―昌平（泊）
一三日　十三陵―南口（泊）
一四日　居庸関―八達嶺―南口―海壩屯（泊）
一五日　臥仏寺―碧雲寺―青龍橋（泊）
一六日　万寿山―円明園―海淀―大鍾寺―徳勝門

岡千仭一行（明治一七年一〇月、五泊六日、大鳥・小室とは逆回り）

一行は瀬川浅之進（一九〇四～〇六牛荘領事）と中国人一人。馬車二輛と、ロバ一頭。

二一日　徳勝門―覚生寺〔大鍾寺〕―海甸〔海淀〕―円明園―万寿山―青龍橋（泊）
二二日　玉泉山―普覚寺―碧雲寺―三山庵（泊）
二三日　翠微庵―西北旺―羊坊〔陽坊〕村（泊）
二四日　南口―居庸関―八達嶺―南口（泊）
二五日　昌平―十三陵―沙河（泊）
二六日　新河―安定門

小湯山の温泉と離宮

明治の長城遊記に出てきた小湯山の温泉と離宮について、もう少し書いてみたい。小湯山は北京の東北、昌平県城からさらに東へ一四キロほど行ったところにある。明朝の皇帝も利用していたようだが、この温泉に最初に離宮を建てたのは清朝の康熙帝で、康熙五四年（一七一五）のことだった。その後、乾隆帝なども愛用したが、義和団事件の際に八カ国連合軍に荒され、現在では温泉療養所（北京市小湯山康復医院）となっている（以上は、『昌平県地名志』の記事による）。

これもすでに書いたように、かつては十三陵や長城に行く時、ここに立ち寄る人も多く、欧米人もよく来ていたらしい。そうした次第で、明治末年あたりの日本人の紀行文にはちょくちょく名前が出てくる。当時の小湯山離宮はどうなっていたのだろうか。

そんなことを気にしていたら、明治三二年（一八九九）に北京を旅行した内藤湖南の「禹域鴻爪《ういきこうそう》記《き》」に、次のような記述があった（全集第二巻所収）。

湯山は温泉を噴出するを以って行宮を置かれたるも、今は頽廃を極めて、大理石製の欄と床とを有せる、壮麗なる湯壺も、草間に埋没して、数十の房屋は見るかげもなく破れたり、猶ほ事務を管理する官吏あれども、之に一元を投ぜば、何人も入りて浴するを得べし。

湖南はこのように書いて、自身も入浴している。どうも番人に金をつかませれば入浴できたらしい。まだ清朝が健在だった時代に、離宮の浴池に入浴できたというのは、現在の我々には解せないところだし、一八九九年だと八カ国連合軍は北京にまだ入っていないから、それ以前から荒廃していたことになる。

この離宮の荒廃については、明治三九年（一九〇六）に訪れた徳富蘇峰も、「其離宮の荒廃の甚だしき、泥まみれの靴を入るるさへ、気持ち悪しく候」と書いているが、やはり入浴はしていて、湯は清徹だと評している（『七十八日遊記』）。その他にも、建築史の伊藤忠太（明治三五年）、中国哲学の宇野哲人（明治三八年）など、この温泉を訪れ、入浴した事を書き残している人は多い。

さて、こうなってくると、この小湯山温泉離宮の写真が欲しくなる。探していたら、手もとの本の中から見つかった。内城の霞公府《かこうふ》（今の北京飯店あたり）にあった、日系の写真館の山本照相館が明治三九年（一九〇六）に刊行した、『北京名勝』という名所風俗アルバム（筆者所蔵の本は明治四二年の再版）に、廃墟のようになった離宮の建物や庭の写真が二枚掲載されていた。ただし、離宮のどこなのか、写っている欄干が温泉のものなのかなど、何が写っているのかよくわからない写真ではあるのだが。なお、この写真集では、湯山の次は十三陵、そして長城と写真が続く。位置的に当たり前と言われればそれまでだが、当時は一連のルートと考えられていたことが、これからもわかる。

『北京名勝』より、湯山温泉の離宮

　この種の写真集や絵葉書の類には転写が多く、図柄は類型化しているものも多い。だから、この『北京名勝』の写真も、どこまでオリジナルなのかはわからないが、清朝末期の珍しい光景をいくつか見出すことができる。城内の光景では、当時の正陽門駅などもあるが、城外では、黒龍潭《こくりゅうたん》の廟の写真などは珍しいのではないだろうか。黒龍潭は海淀区の西北部にあり、龍王が祀られた廟で有名な場所で、少なくとも明代からは皇帝の祭祀の対象となっている。昔は多くの人が訪れたらしく、前に紹介した大鳥圭介の『長城遊記』でも、長城の帰りに立ち寄っている。しかし、現在の日本ではほとんど無名と言っていいだろう。何年か前に、北京の水源の神として一度テレビで取りあげられたことくらいしか、私の記憶にはない。

ところで、私の知るうちで、日本人の小湯山紀行でいちばん詳しいのは、北京で出されていた日本人雑誌『燕塵』に掲載された旅行記で、明治四一年（一九〇八）に北京在住の邦人一三人が、十三陵、長城への旅行の途中で、湯山の関帝廟に泊まり、宴会をしている。『燕塵』については、あとで触れることにしたい（「『燕塵』の日々」参照）。

房山遊記

房山の金陵

明治の中国旅行記に凝っていて、気がついたことの一つに金陵、すなわち金王朝歴代皇帝の陵墓のことがある。

金王朝の陵墓について整理しておくと、一二世紀後半、金朝の第四代目に海陵王という人がいた。彼が、金の都を、中都、つまり現在の北京に遷都した。以後、今日まで約八五〇年間、断続はあるものの、北京は中国の都であり続けた。その時に、金の歴代の皇帝の陵墓も都の西の房山（現在の北京市房山区）に移された。これが金陵のはじまりで、以後の金朝歴代の皇帝もここに葬られた。ただし、皮肉なことに、その独裁的な傾向のために海陵王は暗殺され、皇帝だったことも抹殺されたので、彼の墓は皇帝陵に数えられていない。やがて、明の万暦年間（一五七三～一六二〇）

桑原隲蔵『考史遊記』より、房山の金陵

に、金朝を建てた女真族の後裔である満洲族が勢力を広げると、その「王気」を絶つために、明の万暦帝は金の陵墓を破壊させたという。清朝は、その報復として、明の十三陵のうち万暦帝の定陵だけは、最初のうちは祭祀の対象としなかったと、記録にある。

一九九五年に私が金陵を訪れた時には、大理石造りの建物の遺構が残っていた（一二八頁参照）。これが、金朝時代のものか、乾隆再建のものかはわからないが、土台の石組や、石造物の残骸のみで、地上に建造物があったわけではない。しかし、戦前には、いくらかは建物が残っており、私の知る範囲では二つの本に写真が載っている。一つが、桑原隲蔵《じつぞう》の『考史遊記』、もう一つが、『中国文化史蹟』。

まず、桑原だが、彼は内藤湖南と並んで京都大学の東洋史の初代の教授で、私にとっては、師の師の師にあたる（私は曾孫弟子？）。『考史遊記』は、彼の明治四〇年、四一年（一九〇七、〇八）の中国における史蹟踏査の記録で、金陵のことは、房山の話の中に余談のように出てくるのだが、写真もある。この旅行記には、昭和一七年刊行の単行本があるほか、『桑原隲蔵全集』や岩波文庫にも収められており、現在では貴重となったたくさんの写真が掲載されている。

もう一方の『中国文化史蹟』は、仏教学者で中国各地の仏教史蹟を調査した常盤大定《ときわだいじょう》と、建築史学者で、やはり多くの史蹟を踏査した関野貞の編になる写真集。大正の末から『支那仏教史蹟』として刊行され、昭和一四年（一九三九）から一六年にかけて、内容を増補して『中国文化史蹟』となった。一九七五〜七六年には、法蔵館から増補版が刊行されている。とくに解説編は、多くの図面を収めていて、中国の史蹟に関する基本資料として役に立ってくれる。私は、中国に出かける際には、予定の史蹟について目を通し、図面のコピーを持っていくことにしている。この本には金陵の写真が四枚載っており、墳丘もはっきりと写っている。解説は、関野の執筆。それにしても戦前の人達の行動範囲は広い。

『北京晩報』の「話北京」というコラムで金陵の話を読んだのは、もう二〇年くらい前だろうか。それ以来、ぜひとも一見したいという念願がかなって、一九九五年に金陵を訪れることができた。金陵の話が『鴻雪因縁図記』にも載っていることは、すでに触れている（「『鴻雪因縁図記』の北京」参照）。

それでは、金陵の建物はいつ消えたのだろう。今度はこんな疑問が残った。

ついでながら、明治三五年（一九〇二）には、当時大阪朝日新聞の記者だった内藤湖南が北京を訪れ、同じく房山にある石経寺《せきけいじ》を訪れていたことも知った。いくつかの文献の指摘では、湖南が明治以降でこの寺を訪れた最初の日本人のようだ。

李書華『房山遊記』

一九三〇年代の房山遊記

次に、一九三〇年代の房山について書こう。写真の本を見ていただきたい。あまり見栄えのしない表紙だが、ちょっと珍しい本だ。

タイトルは、『房山遊記』。下に「禹貢《うこう》学会遊記叢書之三」と書かれている。かつて北京崇文区の蔣家胡同（現大江胡同）にあった禹貢学会から一九三六年三月に出版された。禹貢学会は、一九三四年に発足した中国歴史地理の学会で、日中戦争のために三七年に活動を休止した（戦後一時活動を再開）。活動した時間は短いが、今日まで中国歴史地理学の世界に大きな影響を与えている。機関誌『禹貢』は、戦後になって何回か影印再刊された。さすがに地理専門の学会が出版した本で、その日その日の参観先について、小さいながらもきれいな地図が、折り込みでついている。

この本は、一九三五年一〇月三一日から一一月五日までの六日間の、房山一帯への旅行記で、著者は李書華。彼は一八九〇年の生まれで、一九〇五年におこなわれた最後の科挙の秀才、つまり地方試験の合格者だ。一六歳での合格だから、かなりの俊才だったのだろう。二二歳でフランスへ留学し、北京大学の物理系の主任をはじめとして、学界の要職を歴任した。晩年はアメリカに住み、一九七九年に死んだ。いくつかの遊記の作品があり、『李書華遊記』という本にまとめられている。房山行きには、李のほかに、楊克強《ようこくきょう》、白経天、汪申伯《おうしんはく》の三人が同行している。汪は中法大学教授、北京市工務局長などを歴任しているから、当時中法大学の教授だった李書華とつながる。

さて、西便門を朝の八時二五分に自動車で出発した彼らは、五五分に盧溝橋に着き、良郷を経て、一一時五五分に房山県城に入った。高速道路がある昨今ならともかく、盧溝橋と良郷で三〇分ずつ時間をつぶしていることを考えると、けっこう早い。そして、周口店へ。のちに中国考古学界の長老となる賈蘭坡《からんは》などが、一行を案内している。この日は周口店の調査所に泊る。

南北兩塔，在第三層院落之中，南北峙立。南塔，亦名壓經塔，遼天祚帝天慶七年建（西曆一一一七年）。塔建于方形地基上，塔座爲八角形，在蓮花座上之一層有四門及四假窗戶，再上爲瓦頂十一層。塔基上有石幢三：一在東北角。一在

西域寺南塔（圖五）

李書華『房山遊記』より、雲居寺の南塔

　翌日は雨の中を一日がかりで、ロバで雲居《うんご》寺《じ》（西域寺）へ。二五キロの道のりだった。

そして、三日目には、午前中に雲居寺をめぐって南北両塔をはじめとする境内の諸塔や建物を見物した。

雲居寺には、南北両塔をはじめとする大小の塔があるほか、たくさんの建物が残されていたが、それらの一つ一つをていねいに紹介している。李書華たちの旅から数年経った一九四二年に、日本軍の空爆で雲居寺は大きな被害を受け、北塔を残してほとんどの建物は地上から姿を消した。彼らの遊記は、載せられている写真ともども、貴重な記録となった。前頁の図版の写真は、『房山遊記』に載っている南塔（遼代）の写真だが、この塔も日本軍の爆撃で消え去った。

三日目の午後は、石経山へと登っている。石経山の七つの洞窟にはぎっしりと石経が納められていたが、門は堅く閉ざされており、雷音洞の中にだけ入っている。

四日目には雲居寺の北にある上方山の諸寺をめぐり、翌日は山中の雲水洞という鍾乳洞の調査。この両日は、上方山の寺に泊まっている。最後の日に上方山から下りて、琉璃河を午後六時発の列車で一行は北京（当時は北平）に帰った。

この本は大阪の古本市で八〇〇円で買った。日本国内でもこまめに探すと、昔の中国、とくに民国時代の珍しいものに出くわすことがある。

『燕塵』の日々——明治四〇年代の北京

百年前の北京の元旦

明治四一年と言えば、西暦一九〇八年、清朝の年号では光緒三三年（厳密に言えば、年初はまだ三二年）。今からちょうど百年前になる。この年の元旦の北京は、「天気清麗」だった。午前九時半には、日本公使館で、ご真影の拝賀式、一〇時には駐屯部隊（一九〇一年の北京議定書によって、日本軍が東交民巷《とうこうみんこう》に駐屯していた）の皇居遥拝式がおこなわれ、一一時からは東単《トンダン》牌楼にあった日本人会での新年互礼会があって、来会者は百余名であったという。遥拝式の万歳の発声は、当時駐在公使の林権助《はやしごんすけ》だった。

続いて二日の午後には、軍機大臣の慶親王《けいしんのう》以下の清国外交部高官が日本公使館を年賀に訪れている。五日には青年会の発会式、八日には商工会総会、一一日には句会の「燕会」と読書会の再興第一回（寺本婉雅《えんが》と桑原隲蔵が講演）、一八日には日本婦人会の新年会が開かれた。

もちろん、この時代の中国で使われていた暦は旧暦だったから、二月になって春節が来ると、五日に林公使は公使館員、公使館附の青木宣純《のりずみ》少将以下の駐在軍関係者などをともなって、西太后と光緒帝に謁見をして、新年の賀意を表している。ちなみに、この年の秋には、この二人はそろって世を去り、ラストエンペラー宣統帝が即位する。三百年続いた清王朝も、いよいよ終わりを告げようとしていた時だった。

明治四一年の元旦現在での北京在留の日本人は、軍人軍属約三百人を除いて、戸数一五四、男四六九人、女二八九人、計七五八人だった。明治三五年には一七二人だったというから、間に日露戦争をはさんで、ずいぶん増えたわけだ。

雑誌『燕塵』の創刊

そして、この年の正月に、北京在住日本人の同人雑誌『燕塵』が創刊された。元旦からの諸行事や在留邦人数は、同誌の創刊号の記事によった。北京に限っても、これが最初の日本語雑誌ではない。『北京郵便局月報』『人道』などという雑誌がすでに出ていたことが、やはり『燕塵』の創刊号の記事でわかる。しかし、どちらも長続きはしなかったようだ。それに対して、『燕塵』は五年間続いて、明治四五年（一九一二）三月までに通算四九号を刊行している。さらに、大正六年（一九一七）から七年にかけて再刊されて、こちらは二〇号出た。

さて、この年の『燕塵』には、西太后と光緒帝の死と宣統帝の即位、さらに大葬の模様や特使として派遣された伏見宮《ふしみのみや》の動静などの関連記事が、年をまたいで毎号のように載っている。とくに、二人が相次いで世を去った一一月一四、一五両日前後の北京市内の動静を伝える一二号の記事や、翌年五月一日におこなわれた光緒帝の大葬についての、「大葬拝観記」をはじめとするたくさんの記事は、好資料だと思う。それ以外にも、明治四四年の春に発生したペストの流行とそれへの対応風景は、先だってのSARS流行と比較していろいろ考えさせられるし、はるかかなたの武漢ではじまった辛亥革命を、北京の日本人社会の目から同時進行で読むことができるなど、雑誌ならではの同時代性の魅力がある。

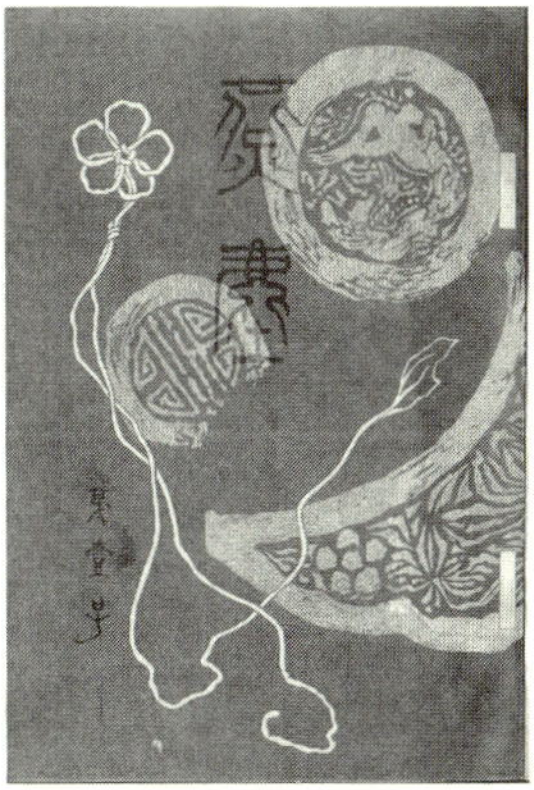

『燕塵』創刊号

第二年七号（明治四二年七月）の掲載記事から、すこし『燕塵』の内容を見てみよう。

まず巻頭には、論説・解説記事が並ぶが、この号には鉄道問題の論説が二篇ある。これは、この当時鉄道への外債問題が話題となっていたのと、日本最初の工学博士の一人で、鉄道建設の権威だった原口要《はらぐちかなめ》が来燕して講演したからだろう。また、中国各地への旅行記は毎号のように載っていて、これが今日の読者にはいちばんおもしろいのだが、この号では万寿山（頤和園）の拝観記と、付録として「四人組」の河北の保定への旅行記がまとめて載せられている。また、実用的な記事として、「重要なる上諭及諭旨集」が載っているのは、このごろ北京で刊行されている邦字誌が新法令を紹介するのと、相通じる。さらに、和歌や俳句、各地からの投書と、内容は多岐にわたる。当時新疆にいた外務省の林出賢次郎の現地だよりも、時々載っている。

『燕塵』の人々

『燕塵』に掲載されている文章の寄稿者の名前は、ほとんどがペンネームで、しかも一人がいろいろなペンネームで書いているので、本名がわからない場合も多い。数少ない実名の記事には、桑原騭蔵、寺本婉雅などのものがある。「北京通信」と題した在住の人々の動静についての欄があり、それを見ると、当時の北京には、学界では服部宇之吉、矢野仁一、藤田豊八、井上翠《いのうえみどり》、塩谷温《しおやあつし》、外交官では、広田弘毅、松岡洋右、軍人では青木宣純、松井石根などといった、そうそうたる顔ぶれが在住していた。また、新聞関係では、日系華文新聞の『順天時報』が発行されていたほか、朝日、毎日、時事新報、報知といったあたりは、特派員を置いていた。

ほかの記事とつき合わせたりして執筆者の名前を特定していくと、『順天時報』の社長だった上野靺鞨《まっかつ》をはじめ、新聞関係の人物が多いが、公使館関係者や日本郵便局関係者もかなり関わっている。編集長は日本郵便局長の杉野耕三郎がずっと担当していたようだし、先ほどふれた保定紀行の「四人組」も、公使館の阿部守太郎一等書記官のほかは、『順天時報』の宇野海作、毎日の豊島捨松、時事新報の亀井陸良《りくろう》（のち『順天時報』社長）の各記者だ。阿部は『燕塵』発刊からの主要メンバーの一人で、創刊号の巻頭言「燕塵公告ノ辞」も彼の手になる。「上諭及諭旨集」は、公使館通訳の西田畊一《こういち》が翻訳をし、西田の転勤後も公使館員が引き継いでいる。西田も創刊号から多くの記事を書いている。なお、阿部は外務省政務局長在職中の一九一三年、東京で右翼によって暗殺される。

『燕塵』から見た当時の日本人社会

次に、こうした人々が住み、『燕塵』に寄稿していた当時の北京の日本人社会について知るために、この号の「北京通信」に載せられている、六月に北京で開かれた各種の会合を見てみよう。まず、五月二九日には「木の葉会」という絵葉書の会、六月六日には「古泉会」という古銭マニアの会があった。この会には清末の大学者の羅振玉《らしんぎょく》などが出席しているから、本格的なものだったのだろう。七日には日本人会の総会が開かれ、二一日には「二一会」という名士の会があり、たまたま滞在中の、当時大蔵省財務局長だった勝田主計《しょうだかずえ》も出席し、スピーチしている。二四日には俳句会の「和不流会」、二六日には「初音会」という謡の会がそれぞれあった。これらの会の作品や演目の紹介も、『燕塵』の大事な記事だった。さらに、五月二七日の海軍記念日には、駐在武官が在留邦人百人あまりを招いて祝宴を開いている。それ以外にも、学士会、婦人会、子供会、仏教会、あるいは野球にテニス、玉突き、射撃の会、さらには県人会なども、六月には開かれていないが、月によっては開かれており、人の往来にともなう歓迎会や送別会の類が、それに加わる。昨今の北京の日本人社会と比べても見劣りしない、いやそれ以上かもしれない。

ところで、この年の日本人会総会のおもな議題は、日本人会の小学校に幼稚園を付置すること、搬棺馬車を購入して北京の本願寺に寄付することの二件だった。まさに、ゆりかごから墓場までが問題になったわけだ。幼稚園については、入園予定者が十数人とあるが、毎月のように数人の子供の誕生が誌上で紹介されている。その一方で、在留邦人の死亡記事も毎号のように載っている。いたましいのは、現地で生まれた子供達の生後まもなくの死亡記事が少なくないことだ。幼児死亡率が現在とは違うとはいえ、当時の北京での出産、子育ては、たいへんだったことだろう。

ついでながら、この二件について『燕塵』の記事を追いかけていくと、この年の一〇号には、天津で製作していた搬棺馬車が完成し、九月六日に本願寺に寄付された、在留同胞は葬儀執行に当たりこれを使用できる、という記事があるし、幼稚園も小学校の移転工事にともなって完成し、九月一三日に開園式をおこなったと書かれている。ちなみに、小学校の児童数は二四名、幼稚園児は二二名だったという。六月には天津日本人小学校一行約五〇名が二泊三日で北京を訪れ、合同で運動会や遠足をしているし、一〇月には小学校と幼稚園合同で運動会も開かれた。こうしてみると、北京は、この時期には、日本人にとって、すでに冒険する場所や秘境ではなく、そこに暮らし、仕事をする場所へとなっていたのだ。

古書の世界で『燕塵』が有名なのは、日本語で最初に書かれた敦煌遺書発見の紹介とされる「敦煌石室中の典籍」が、第二年一一号に掲載されていることによる。この記事には「救堂生」と署名してあるが、それが当時北京に住んでいた漢籍書肆文求堂田中慶太郎であることや、この文章をめぐる事情については、神田喜一郎『敦煌学五十年』が詳しく紹介している（『神田喜一郎著作集』第九巻所収）。第一年の一二号に、「北京の本屋」というかなり皮肉な記事が載っている。「蟞子《べっし》」と署名してあるが、これも田中慶太郎かもしれない。なお、『中国関係雑誌論説記事目録』（近代中国研究センター編、一九六四）に、『燕塵』の総目次が収録されている。

『燕塵』発行の背景

現在の北京では、日本語のフリーマガジンが、私の知るだけでも、『コンシェルジュ北京』『スーパーシティー』『北京ウォーカー』『北京トコトコ』と、四種類刊行されていて、ホテルや日本料理店で持ち帰ることができる。その背景には、在住邦人が、留学生を含めると二万五千人くらいにのぼるという事情がある。そのほかに、出張中の人や観光客などの流動人口があって、そちらも安定してかなりの数があるから、フリーマガジンの経営が成り立っていくのだろう。『燕塵』の発行はどのように成り立っていたのだろうか。

『燕塵』の誌面には「非売品」とある。創刊号に載せられている「天下の同好に告ぐ」には、「仙境に遊ぶ冥加の為め発行の料を負ふ事」とあるから、いわば同人誌で、会費を中心に運営されていたのだろう。それ以外に、毎号のように来訪者や帰国者などからの寄付を受けている。発行部数は三〇〇部からスタートしているが、第三年六号の「編輯たより」を見ると、一六〇〇部とある。この数は、最初に書いた北京在留邦人の人口に比べて多すぎるから、かなりの部数は、中国各地に在住の邦人や、日本国内に送られたのだろう。私が利用した『燕塵』にも切手とスタンプの痕跡があったから、日本在住の人に郵送されたものだ。上に名を挙げた広田弘毅（外交官、後に首相）が転任先のロンドンから寄せた感想もあって、在英の彼のもとにも送られていたことがわかる。

『燕塵』が北京で発刊された明治四〇年代には、一足早い明治四〇年（一九〇七）に保定で『保定倶楽誌』が創刊されたほか、天津で『馬骨』（明治四二年）、ついで『津門《しんもん》』（四三年）、武昌で『武昌』（四二年）、ついで『江漢』（四三年）、上海の『滬上《こじょう》評論』（四五年）などが、発行されている。ちょうど中国各地で在留邦人による雑誌が創刊される時期になっていたようだ。このような同人誌的なものが各地で出るようになったことは、北京だけではなく中国各地で在留邦人の生活が安定し、日常化していたことを示しているだろう。

中野江漢と『北京繁昌記』

「老北京」たち

大正時代に中野江漢が書いた『北京繁昌記』が、一九九三年に東方書店から再刊された。この再刊本には、著者の長男にあたる中野達《とおる》氏の解題が附されているので、それによって、まず江漢の生涯を紹介してみよう。

彼の本名は中野吉三郎、明治二二年（一八八九）に福岡県で生まれた。明治三九年（一九〇六）、一七歳で漢口に渡り、大正四年（一九一五）に北京に移って（二六歳）以後、北京でジャーナリストとして活躍する。とくに、大正八年（一九一九）には『京津日日新聞』に入社して、北京支局主任として、やはり当時中国通として有名だった橘《たちばな》 樸《しらき》と二人で編集にたずさわった。

やがて新聞社を退社した江漢は、「支那風物研究会」を主宰し、その事業の一つとして、『支那風物叢書』という叢書を刊行する。『北京繁昌記』は、『支那の馬』『支那の予言』などといった変わったタイトルの本も含むこのシリーズ（全部で一三冊刊行）の、第一、二、九編として、大正七年（一九一八）から一〇年（一九二一）にかけて、三分冊で刊行された。

この本のもととなったのは、『京津日日新聞』時代に、「京津繁昌記」、のち「北京繁昌記」と改題して連載したコラムで、連載は二八六回にわたった。『支那風物叢書』に収められたのはその一部だったが、今回の再刊にあたっては、うれしいことに、「続・北京繁盛記」と題して、かなりの増補がされている。

江漢は、昭和四年（一九二九）に生活の本拠を東京に移してからも、日中を往復して、中国問題についての文筆活動を続けた。昭和一九年（一九四四）には、北京師範大学特別教授として招聘され、北京で終戦を迎えた。死去したのは昭和二五年（一九五〇）、六一歳だった。

中野江漢のように大学に所属する研究者ではない、「中国通」あるいは「老北京」と呼ばれる人々が、戦前の北京にはたくさんいて、北京での生活に根ざしたレポートをたくさん残している。新聞関係では、京劇通の辻聴花《つじちょうか》（『順天時報』）、名著とされる『北京百景』『北京横丁』の著者高木健夫（高健子、『東亜新報』）などの名を挙げることができるし、それ以外では、公使館の石橋丑雄、華北交通の水野薫などが、その代表的な人々だが、彼らの書いた文章には、現地の空気を吸っている人でなければ書けない内容が多数含まれていて、もはや失われてしまった旧中国を偲ばせる貴重な文献に、今日ではなっている。こうした人々の仕事と、それに私が寄せる思いについては、これまでもいろいろな場で言及してきた。

『支那風物叢書』も、江漢一人の執筆ではなく、辻聴花（『支那芝居』）、橘樸（『道教』）などが書いているし、戦前の北京案内書の白眉『北京案内記』（安藤更生編、一九四一）でも、やはり石橋丑雄をはじめとする「老北京」たちが執筆陣に加わっている。

『北京繁昌記』を読む

『北京繁昌記』は、もともとは新聞の連載コラムなので、北京の名所を網羅的に案内することを目的として作られたガイドブックとは、その成り立ちを異にしている。その一方で、各項目の記述は詳しく、それが特徴になっている。東方書店版で数えてみると、天壇に一七頁、雍和宮は三一頁、紫禁城では四四頁が割かれている。

『北京繁昌記』（東方書店刊）

それでも、故宮や雍和宮についてなら、ほかにも書かれたものがある。この原稿を書くために本書を読みかえしてみて感じたのは、他の書物には取り上げられていない場所の紹介の多いことで、その一例をあげると、阜成

正陽門西側の護城河（羅哲文『永訣的建築』百花文芸出版社）

門外にあるキリスト教伝道士の墓地や、内城の護国寺、外城の報国寺の話などがある。これらの戦後の姿については、竹中憲一氏の『北京歴史散歩』（竹内書店新社、二〇〇二）を見ていただければいいのだが、一般の観光案内の類には、ほとんど出てこない。

あるいは、「城環《しろめぐ》り」と題されている、小船とロバ、それに自分の足とで、内城城壁の外側を一周する話がある。内城の南側、崇文門をスタートし、内城東南角の東便門まではロバで行き、そこからは護城河《ごじょうが》（堀）を船で北へと進む。まず、屋形船に乗り、約一時間で朝陽門に着き、乗り合い船に乗り換えて、約三〇分で東直門に着く。ここからは船がないので、ロバに乗り、洗濯の光景や岸辺の柳を見ながら、内城北の徳勝門までが一時間半、そこからさらに、西北角の西直門までロバで二〇分、南下して阜成門までがまた二〇分、内城西南角の西便門から城内に入り、宣武門へというのが、中野が書いているコースだ。肝心の城壁や護城河が姿を消し、彼が屋形船に乗った東便門の水路も様子を変えてしまった今日では、もはや追体験のしようがないが、都市としての北京のおおよそをつかむには、城壁やお堀の跡を走る二環路を、内側を見ながら一周するのが一番と、つねづね人に勧めている私には、とくに面白かった。中野は「外城めぐりは日を改めて書く」としているが、東方書店版には収められていない。はたして存在するのだろうか。もし、「外城めぐり」が存在するなら、是非読んでみたい。

著者中野江漢は、日本や欧米の文献では北京はわからないとして、清朝以前に北京について書かれた文献を集め、それを材料にこの本を書いたという。たしかに、文中には、多くの文献が引用されている。金元明清四代八五〇年の都だった北京には、清朝以来、名勝古蹟風土についての書物が少なくない。最近では、北京古籍出版社がこうした書物の校点本を出版してくれているから、その気になれば、手にすることは難しくない。しかし、日本語で読もうとなると、これだけ多くの書物を引用しての古蹟紹介の書はほかにない。『北京案内記』が、あくまでも実用の案内として、「今の北京での暮らし方」を含めて北京を案内しているのとは、好対象と言えよう。

しかも、中野江漢は机上で文献を読んで引用するだけではなく、取り上げようとする場所へ出かけて、その現状を詳細に記述する。とくに、聯や石碑などについては、できるかぎり原文を採録するようにつとめており、執筆から年月を経た今日では、それ自体が貴重な資料となっている。本書の価値は、出版当時から高く評価されていた。初編が出て二ヵ月も立たないうちに中国語訳が出されていることからも、そのことがわかる。

民国時代の鉄道旅行案内書

都市ガイドと鉄道旅行案内書

かつての中国の都市の姿を見たいと考えたとき、何を手がかりにすればいいだろうか。北京や上海、南京といった大都市なら、地図は何種類もあるし、絵葉書も日本でけっこう手に入る（こちらが欲しい景色があるかどうかは別だが）。最近では、昔の写真を集めた写真集がたくさん出版されていることは、すでに書いた（第3章参照）。

それでは、地方都市の場合はどうだろうか。省会（省の役所の所在地）やそれに準ずるクラスの都市なら、何種類かの地図は出ているのが普通だが、府城、県城レベルになってくるとなかなかそうはいかない。すでに紹介した『亜東印画輯』のような戦前の写真帖もあるが、まんべんなく撮影されているわけではない。

ほかに地図や写真をまとめて載せているものがないかというと、当時出版された観光案内の類がある。北京あたりだと、『北京旅行指南』や『北平指南』のように、版を重ねている分厚い観光案内があるが、これも限られた主要都市や観光地について発行されているだけだ。それ以外には、となると、鉄道旅行の案内書がある。この種の本にはかならず沿線の紹介が載っているので、駅さえあれば小さな街についての記事も出てくるし、大きな都市ならかなり詳しい情報だけでなく、地図も載せられていることが多い。民国時代の都市ガイドや鉄道旅行案内は、国内の古書店の目録に出たらチェックすることにしていて、少しずつだが集まってきている。先日も鉄路旅行指南を何冊かまとめて購入した。

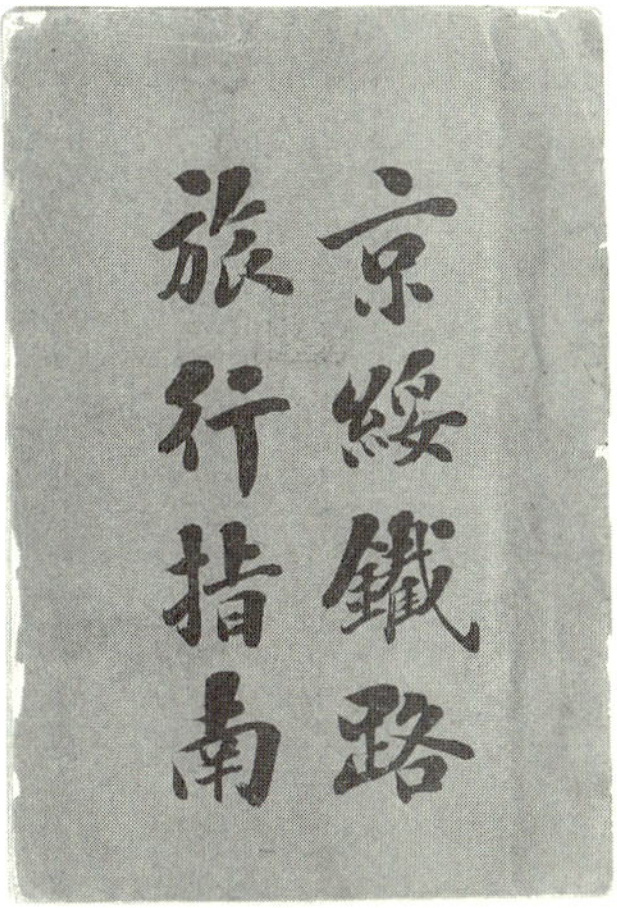

『京綏鉄路旅行指南』

『京綏鉄路旅行指南』の使い道

その時に買った旅行案内のうちで北京と関係するものに、民国七年（一九一八）発行の『京綏《けいすい》鉄路旅行指南』があった。いっしょに購入した『津浦《しんぽ》鉄路旅行指南』（民国一二年）も、鉄道の終点は天津だが、北京の案内が載っている。民国時代の中国書は、日本にいてもそうそう集まるものではないが、

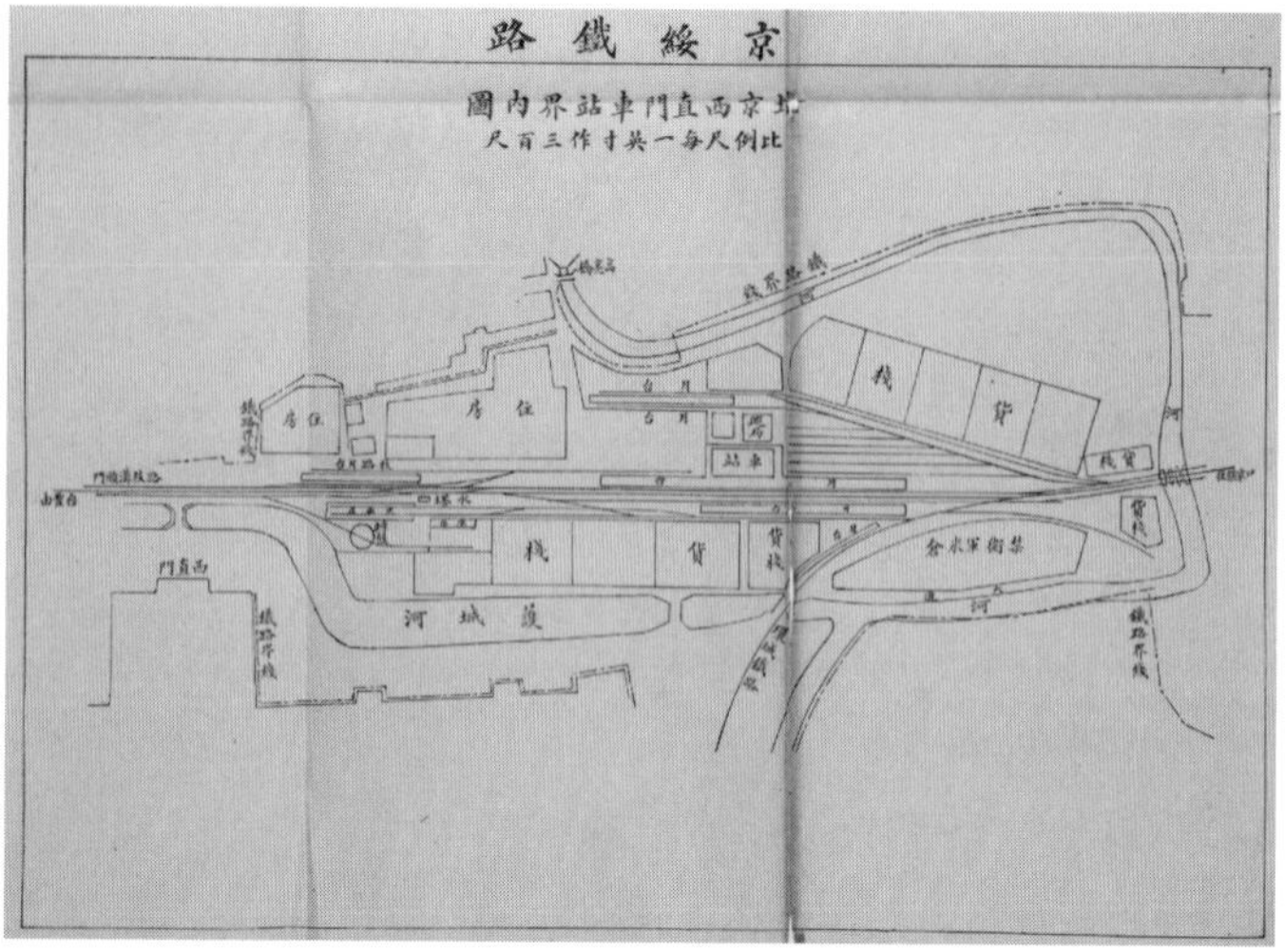

『京綏鉄路旅行指南』より、北京西直門駅構内図

中国語で書かれていて一般性がないせいか、一般の古書店に出れば、それほど値段が高くはならないことが多い。しかし、『京綏鉄路旅行指南』はちょっといい値がした。鉄道がらみの本の場合は、そちらのマニア狙いで、高くなる場合があるようだ。この本には、北京西直門駅や張家口駅の図面が載っていたりするので、その評価で値がついてしまうのだろう。

京綏線は現在の京包線の前身で、清末の一九〇九年に、まず北京から張家口までが開通した。これが中国最初の中国人自身の手になる鉄道なのは有名で、青龍橋駅に設計者の詹天祐の銅像が立っているのをご覧になった方も多いだろう。八達嶺には詹天祐記念館があって、鉄道ファンにはお勧めのポイントになっている。包《パオ》頭《トウ》までの全線が完成したのは一九二三年のことだった。この本が出た一九一八年には、京綏線はまだ全通しておらず、北京西直門から大同の先の豊鎮までの営業だったので、案内もそこで終っている。

北京文献としてのこの案内書の魅力の一つは、今は亡き京師環城鉄路が走っていた時代なので、その各駅についての案内も載っている点にある。京師環状鉄路は北京の城壁の周囲を走っていた鉄道だが、『アジア遊学』の第四〇号（二〇〇二年六月）の北京特集に、「京師環状鉄路の思想」と題して上田一俊氏が書いておられるので、ここでは省略する。この鉄道は、京漢線の豊台駅から、京綏線の始発駅である西直門駅までをつなぐ役割を持っていたし、乗り入れもおこなわれていたからだろう。おかげで、途中の東便門や東直門などの駅についての記事が読める。

そして、私にとってこの本の記事で一番の掘り出し物だったのは、小湯山温泉の記事や写真、図面があったことだ。最近でこそ、北京の人でも行く機会が少なくなっているこの温泉だが、かつては長城行にはかならず立ち寄る場所だったことはすでに書いた（「小湯山の温泉と離宮」参照）。

西直門を出発した京綏鉄路は、清河、沙河《しゃが》などの北京北郊を経て、八達嶺で長城を越えて西へ向かう。宣化、張家口などを経て大同へ到るのだが、北京以外の地方都市についてのこの本の記事の紹介は、別の機会に。

日本語の沿線案内

中国の鉄道沿線の案内書は、中国語のものだけではない。日本語のものもある。

ご存じの方も多いだろうが、日中戦争の時代、日本が占領していた地域の鉄道は、日系の会社によって経営されており、長江を境目に、北は華北交通、南は華中鉄道という会社が設立されていた。どちらの会社も、鉄道だけでなくバスや水運も営業している。このうち華北交通は、一九三九年に設立され、最盛期の鉄道路線の総延長は六一一七キロ、従業員数は日中合わせれば一五万人をこえる大会社で、本社は北京に置かれていた。

『北支』

この二つの会社は、いずれも日本語の沿線案内や、ＰＲ誌（華北交通の『北支』、華中交通の『呉越春秋』など）を出していた。戦争が終わり、中華人民共和国が建国されても、鉄道の路線が昔と変わるわけではないから、これらの本や雑誌は今でも観光ガイドとして役に立つ。「現地編輯」と表紙に書かれているように、現在のガイドブックには載っていないような小さな駅や沿線の風景なども紹介されているし、当時掲載された写真には、貴重なものもある。とくに『北支』は、仏教美術史の研究で知られる小野勝年が編集にあたっていたため、役に立つ記事が多い。

この頁の図版は、日本国際観光局（ＪＴＢのご先祖）が一九四一年に発行した『支那蒙疆《もうきょう》旅行案内』で、鉄道会社だけではなく、旅行会社もこうした案内書を出していた。ちなみに、日本国際観光局も、『観光東亜』という雑誌を刊行していた。さて、この本には、西は山西、南は浙江までの鉄道の沿線が紹介されている。このうち北京に関係のある路線としては、京包線や京漢線、京山線、京口線などがある。後ろの二つの路線名は今はないが、京山線は北京から山海関、京口線は北京から古北口までの鉄道で、そこから先は別会社の南満洲鉄道の経営なので、こういう命名がされていたのだろう。

私がはじめて中国に旅行した時、『支那蒙疆旅行案内』はすでに手もとにあった。なにせ日中戦争のさなかに出された本なので、さしさわりがあってはいけないと思って、必要な箇所だけをコピーして持っていったのを覚えている。大同から北京への汽車の旅のあいだ、通過していく駅の一つ一つと、この本に書かれている沿線の風景についての記事をつき合わせながら、車窓を見ていた。

『支那蒙疆旅行案内』

一四四九年、モンゴルのエセン汗を遠征し

た明の英宗正統帝が、北京の西北約八〇キロの土木堡《どぼくほ》で、逆にモンゴルの捕虜になるという有名な事件が起こった。歴史上、「土木の変」と呼ばれる。エセンは皇帝を捕虜にしたもののもてあまして、一年後に送還したが、明の側ではすでに景泰帝が即位していて、正統帝は幽閉されてしまう。事件の舞台となった場所に、今でも土木堡という駅があることをこのガイドブックで知り、楽しみにしていた。大同から北京に向かう特急はこの駅に停車はしなかったが、駅を列車が通過した時に、駅舎の写真を撮った。なんの変哲もない田舎の小さな駅だったが、駅舎に書かれた「土木堡」という文字に不思議な感動をおぼえた。

こうした戦前のガイドブックは、ていねいに古書目録を見ていると、時々は載っていて、そう珍しいものではない。安ければ数千円で手に入る。ちょっとしたガイドブックなら、新刊で二千円はする昨今、お買い得かもしれない。なにせ日本語で書かれているし、特急などは通過してしまうような、小さな駅についてまで解説があるのだから。

旅行の時は、列車に乗っている間も忙しい。沿線の景観や鉄道から見えるはずのものが気になってしょうがないからだ。一生のうちにもう一度通るかどうかかどうかわからないのだから、無駄にしてはもったいないではないか。車中で眠っている同行者たちの気が知れない。

琉球の使者の北京遊記

最初に北京へ行った人や、長城を見た人のことが気になりだしてから、図書館の書棚で「北清」とか「燕」といった文字を見つけると、つい手に取るようになった。

そうした時に、ある書庫で見つけたのが、『雪堂燕遊草《せつどうえんゆうそう》』という本だった。ちょっと見では江戸時代の本らしいのだが、鎖国の江戸時代に北京に遊んだ日本人がいるはずはない。これは北京とは関係ない本だろうと思ったが、読んでみておどろいた。間違いなく北京遊記、より正確に言えば北京への往復の旅の途上で作った詩を集めた本だった。私の見た本は、正徳四年（一七一四）に、京都の奎文館《けいぶんかん》という書店から刊行されたものだが、もともとは福建でこの詩集は出版されたらしい。

著者は程順則《ていじゅんそく》という人で、彼は中国へ五回、うち三回は北京を訪れているが、この本には、清朝の康熙三六年（一六九七）、琉球王朝の使節の大通事としての旅行に際して詠まれた詩が集められている。

たしかに江戸時代でも、琉球王国と清朝の往来は継続していた。琉球王の交替、清朝の代変わり、清朝からの使節の見送りなど、琉球王国はさまざまな機会に清朝へ使者を派遣しており、その数は三百回をこえるという。ただし、対岸の福建どまりの使節も多く、すべてが北京まで行ったわけではない。

さて、詩集は北京に向かって福州を出発するところからはじまる。琉球王国の朝貢使節の旅については、そのルートを追体験した話がテレビなどでも報道されたことがあるが、『中国福建省・琉球列島交渉史の研究』（第一書房、一九九五）という本には、比嘉実氏の「唐旅紀行」という現地調査の報告や、道光一八年（一八三二）の使節の旅程を記した『福建進京水陸路程』が復印されていて、彼らの旅についてくわしく知ることができる。

『雪堂燕遊草』を見ていくと、北京への旅には大運河を利用したためか、往路では鎮江や揚州での詩が目立つ。北京については十編の詩が収められている。ただし、「京邸中秋」と題した詩があるものの、北京で彼がどこに滞在したかについての情報はない。琉球使節の宿舎に用いられた会同館の建物は、宣武区の南横街に数年前までは残っていたが、この地区は近年大改造がおこなわれていて、現存するかどうかは不明だ。詩には中国の文人との往来の詩が多く、当時の北京の様子を知ることができるものは少ないが、それでも、宮中での招宴を詠んだ詩や、紫禁城の午門で清帝からの賜り物を拝戴するさまを詠んだ詩など、珍しいものも含まれている。この年は、中央アジアへ親征した康熙帝の軍隊が、中央アジアのジュンガル部の長、ガルダンを打ち破った年で、そのことも詠み込まれている。

北京を発って帰途に向かった彼は、蘇州や杭州に遊ぶ。そこでも多くの詩が詠まれている。また、二二年前の康熙一四年（一六七五）に、朝貢使節の通事としての旅の途中で病に倒れ、蘇州に葬られた父、程泰祚《ていたいそ》の墓参という宿願も果している。

『雪堂燕遊草』をきっかけに調べてみて、琉球の使節や留学生に北京への旅行記を残している人が何人かいることを知った。蔡鐸《さいたく》の『観光堂遊草』（康熙二七年、一六八八）、蔡大鼎《さいだいてい》の『北燕遊草』（同治一一年、一八七二）などが有名で、その他にも、北京への旅の記録があるようだが、いずれもまだ目にすることができないでいる。蔡大鼎の詩については、訳注がある（輿石豊伸訳注『蔡大鼎集』オフィス・コシイシ、一九九七）。

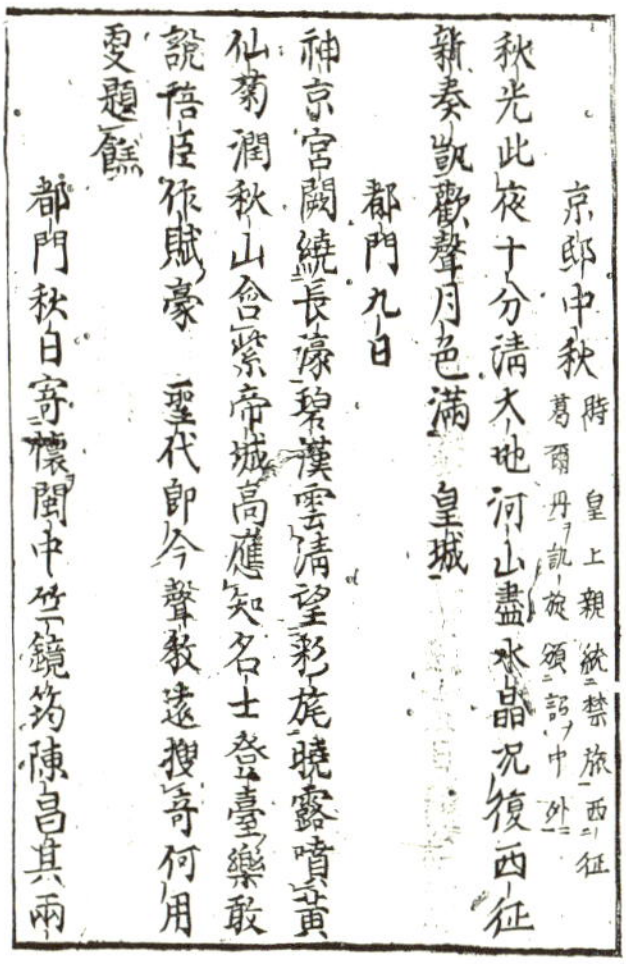
京邸中秋 時 皇上親統禁旅西征葛爾丹凱旋頒詔中外
秋光此夜十分清大地河山盡水晶况復西征新奏凱歡聲月色滿 皇城
都門九日
神京宮闕繞長濠碧漢雲晴望彩旄曉露噴黄仙菊潤秋山含紫帝城高應知名士登臺樂敢說陪臣作賦豪 聖代即今聲教遠搜奇何用更題糕
都門秋日寄懷閩中竺鏡筠陳昌其兩

『雪堂燕遊草』より、北京で詠まれた詩

ところで、これらの人々は、程順則、蔡大鼎のように中国風の姓名を名乗っている。琉球王国においては、対中貿易の関係などから、士族は中国風の名前（唐名《からな》）を持っていたが、とくに対中外交については、大陸から渡って来た人々を祖先とする久米村（現那覇市内）の人々が担当しており、彼らもその一員だった。

なお、清朝側から琉球王国への使節が残した記録である「使琉球録」について、京都大学の夫馬進氏を中心とするグループが、世界各地に現存する各種の「使琉球録」を調査し、その報告書『使琉球録解題及び研究』（榕樹書林、一九九九）が刊行されている。

私は琉球の歴史についてはは、あまり勉強していない。この原稿も、『琉球漢詩選』（上里賢一訳注、ひるぎ社、一九九〇）や、『沖縄大百科事典』（沖縄タイムス社、一九八三）など、たくさんの書物のお世話になって、やっとこさ書くことができた。北京遊記のことも、その方面に詳しい方にとっては、常識に属することなのだろう。

朝鮮の清朝への使者の書き残した記録が大量に残され、「燕行録」と総称されて、清朝の北京を知るうえで重要な史料であることはよく知られている。大部の影印本も出版されていて（たとえば、『燕行録全集』一〇〇冊、東国大学出版部、二〇〇一）、研究にも利用されているが、琉球王国の使者の記録については、まったく思い浮かばなかった。北京の日本人というテーマにとっても、琉球をめぐる問題が重要な位置を占めていることに、今ごろになって気がついたのは、不勉強だった。

5 北京史蹟探訪記

北京の寺廟と会館・公所

北京の寺廟

前近代の中国の都市が、宗教都市でもあったことを、読者の皆さんはご存じだろうか。べつに、あえて「前近代」と断らなくても、台湾の台南や鹿港《ろっこう》のような、古い街並みを残している街には、今日でも辻々に大小の廟《びょう》が散在している。私にとっては、自分の住む京都の各町内にあるお地蔵さんと似た景色とも言えなくはない。もっとも、中国の廟は、壮麗な建築を持つものから、お地蔵さんやお稲荷さんのような小さなほこらまで、大小さまざまではあるが。

このように、廟は前近代中国の都市の景観に欠かせない要素になっている。廟は、一部公的なものを含むが、多くは民間信仰のおやしろで、廟、寺、堂、祠《し》、庵《あん》、宮《きゅう》など、さまざまな名前がつけられてはいても、そこに祀られているのは、中国の伝統的な神々や仏教の仏菩薩であることに違いはない。さらには孔子などの儒教の聖人にまでおよび、廟によっては荘子や名医の華佗《かだ》、さらに朱子まで祀っている。しかも、一つの廟には、主神のほかにたくさんの神様がいっしょに祀られている。二字の熟語が好きな中国語では、「寺廟」あるいは「祠廟」と総称されることが多い。

当然のことながら、他の都市と同じく北京も宗教都市としての側面を有していた。北京の寺廟のリストとしては、許道齢編『北平廟宇通検』（北平中央研究院、一九三六）という重宝な本がある。金元明清四代の都であった北京には、明清以来、名勝古蹟風土についての書物が少なくないが、『北平廟宇通検』は、その種の書物から代表的な一六種を選んで、寺や廟についての記事を検索できるようになっている。この本に登載されている城内の寺廟の数は、紫禁城内部を除いて一七〇あまりだが、これは、名所記の類に名前が見える寺廟だから、有名なものに限定されている。

さらに、一九九七年に『北京寺廟歴史資料』（中国檔案出版社）が出版された。この本には、民国時代に出された寺廟管理の法令と、それにもとづく寺廟の登記が集められており、登記については、一九二八、一九三六、一九四七の各年次について知ることができる。そのうち、一九二八年の登記を見ると、城内城外、全部で一六三一の寺や廟について、その所在地、財産、宗教用具、管理状況などが掲載されている。その一六三一のうちで、所在地が城内になっている寺廟を数えてみると、六三四あった。こちらの方は、行政機関がおこなった調査だからかなり網羅性は高いだろう。したがって、建国前の北京城内に六百以上の寺廟があったことは間違いない。

ただし、かつての北京にあった寺廟の数は、六百でもまだ足りないだろう。たとえば、時代はさかのぼるが、北宋時代の都、開封では、一一一一年に、許可を得ていない廟、一〇三八ヶ所が毀《こぼ》たれ、さらに民間で自由に廟を作ることが禁止されたという史料がある。北京でも、街角のほこらのような小さなものまで含めれば、その数はもっと多かったのではないか。この登記リストでも、蟠《ばん》桃宮《とうきゅう》のような有名な廟が、二八年の分には出てこない。

現在の北京の廟

では、現在の北京には、廟はどのくらい残っているだろうか。紅廟《こうびょう》のように地名として残されているものはあちこちにあるが、実在する廟や宮と名のつく建造物となると、まず思いつくのは孔子廟だろう。これは国家祭祀の対象になる廟で、一般民衆の信仰とは関係ない。雍和宮もチベット仏教寺院で少し性格が異なる。とすると、民間信仰の対象の廟としては、現在では民俗博物館として公開されている朝陽門外の東岳廟が大物だろう。そのほかに現在公開されている廟としては、京劇の劇場となっている正乙祠《せいいつし》、あるいは積水潭の匯通祠《わいつうし》（郭守敬《かくしゅけい》記念館）や文天祥祠《ぶんてんしょうし》（文天祥記念館）といったあたりだろうか。

しかし、それ以外のすべての寺廟が地上から姿を消したわけではない。現在の北京でも廟の建物が用途を変えて生きている。とくに外城の胡同を歩いていると、妙に大きかったり、屋根に装飾があったりして、元はなにかの施設だったらしい建物が目に付くことがある。その中には、かつては廟だったものも含まれているだろう。宣武区のいくつかの廟については、『宣南鴻雪図志』（建築工業出版社、一九九七）に、図面入りで紹介されているし、東城区の古蹟を詳説した『東華図志』（天津古籍出版社、二〇〇五）を見ると、廟や王府の建物が、現在では公共施設や住宅として流用されていることがわかる。都市北京と宗教施設の関係については、陣内高信編『北京』（鹿島出版会、一九九八）でも、論じられている。この本は、建造物を通して北京という都市を多角的にとらえた好著だが、寺廟の建物が現在でも用途を変えて生き残っていることが、大縮尺の地図を利用した街割りの検討によって、具体的に紹介されている。同郷集団や同業組合の建物である会館や公所は、関わりの深い神様の廟と一体になっているものが多いが、『北京会館資料集成』（学苑出版社、二〇〇七）によれば、ついこの間までは生き残っていた建物がかな

匯通祠（郭守敬記念館）

東便門のロータリーに立つ蟠桃宮の碑

りあったようだ。

このように形を変えて生き残っている廟がある一方で、地上からすっかり姿を消してしまった廟もある。たとえば、東便門の立体交差に石碑が立っている。かつてここには、蟠桃宮という廟があった。この廟の主神は女性の神様である「娘娘《ニャンニャン》さん」、とくに西王母《せいおうぼ》で、農暦三月三日から開かれる廟会は、雑踏をきわめることで有名だった。

終戦間近い北京で、中国の民間文化に関心のある日系の人々が中心となった、東方民俗学会という会が組織された。この会で、「東方民俗叢書」というシリーズが企画され、第一冊として多田貞一の『北京地名誌』が出版された。この会では、蟠桃宮の廟会の調査をおこなって、その報告が澤田瑞穂編の『蟠桃宮廟市』として、第二冊目として刊行される予定になっていた。しかし、敗戦のために本は出版されず、その一部が澤田の『中国の民間信仰』(平河出版社、一九八二)の中の一節として残るだけとなった。廟そのものも今ではロータリーとなってかげも形もなく、石碑だけが残された。

一九七八年には完全に姿を消したという。蟠桃の名は、立体交差に近い、崇文門東大街に面した一軒の「蟠桃便宜商店」という店に残されているだけではないだろうか。

あるいは、阜成門内の都城隍廟《とじょうこうびょう》、この廟は、都市の守護神である城隍廟の全国の総元締めにあたり、明の時代にはじまる。戦前にはガイドブックにも載っていたこの廟だが、清の同治年間（一八六二〜七四）や民国になってから火事にあって建物の多くを失っており、一九九二年の『西城区地名志』（北京出版社）には、一部が残っているとあるが、現在では敷地にビルが建っているから、どうなっているのだろう。同じ通りに面した歴代帝王廟は、最近修復され、公開されている。

では、建国前の北京にあった寺廟の現状を追跡しようとすると、どのような方法があるだろうか。先に紹介した『北京寺廟歴史資料』の登記表も、地番や地名の変更もあって、建物の確認には利用しにくい（新旧地番の対照表というものもあるらしいが）。となると、やはり地図が欲しいところだが、現在売られている「交通遊覧図」の類が、その主眼目は交通路の表示にあって、そのために通りや胡同の名前、バスの路線については詳しいが、都市を構成する諸要素、すなわち、どこにどんなものがあるかといったことについては、主要な機関や、ショッピングスポットの所在はわかっても、そんなに詳しいわけではないのと同様に、戦前の北京の地図でも、「内外城詳図」とか「市街全図」とは名乗っていても、やはり地名以外は主要施設のみで、せいぜいその当時有名であった廟がいくつか載っているだけのものが多い。

となると、第2章で紹介した『乾隆京城全図』ということになる。しかし、たしかにある程度は見て取れるのだが、いかんせんあの地図は、大きさの割には建造物の名前があまりにも少なく、私が関心を持つ町々にある小さな廟などは、相手にされていない。

このように、寺廟の所在をたくさん載せている地図をさがすのはなかなか難事なのだが、こうした時に、部分的にではあるが役に立ってくれる地図のコピーが、私の手もとにある。この地図には、寺や廟はもとより、同郷会館、同業者組合の行会《こうかい》、さらには井戸の所在なども詳しく書きこまれている。欄外に「北平特別市籌備自治弁事処製」とあって、一九三〇年代に刊行された治安関係の組織の「成立記念冊」の付図らしい。

残念ながら、本体となった本の対象の関係か、地図に描かれている範囲は限定されているが、それでも外城の中心部の前門大街を挟んだ一帯には、たくさんの寺廟が存在していたことを知ることができる。私は、講義で中国近世社会について概説する時には、近世都市の持つ宗教的側面に触れることにしているが、その際にたいへんありがたいのが、この地図なのだ。

ついでに、廟から離れて、この地図に書きこまれている他の記号を見てみると、まず井戸が目に付く。また、会館や公所が、この地区にはたくさんあったこともわかる。現在残っているものは少ないが、虎坊橋《こぼうきょう》の西南角の戯劇博物館は、湖広会館の名残りだ。この地図では、その近くに、杭州会館、宜昌《ぎしょう》会館、福州会館などの名前が見える。

湖広会館（戯劇博物館）

会館と公所

会館や公所は、同郷出身者や、同業組合のための建物で、戦前の北京には四百を超える会館があったという。たしかに、宣統三年（一九一一）に出た『詳細北京輿図』を見ると、左右の欄外に会館の所在地が一覧表になっていて、その後の改訂版でもこのやり方は踏襲されている。地方から北京に来た人にとって、まず第一に必要な情報なのだろう。同じ職業には同じ土地の出身者が就くことが多かったから、同郷会館は、同業会館でもあることが多かった。

会館、公所には、同業組合や、同郷会の事務所が置かれ、それぞれの職種の守護神（祖師）や、郷土の神様が祀られているのが普通だった。だから、宗教的面から見れば神を祀る廟だし、公共的側面から見れば会館、公所だったと言えよう。現在では劇場として公開されている和平門外の正乙祠も、金行・銀行（旧中国の金融機関）

の会館だった。会館の規模は、舞台や宿泊施設を持った大きなものから、ほんの小部屋だけというものまでさまざまだった。

北京の会館に関しては、『北京会館檔案史料』（北京出版社、一九九八）という本があり、会館に関する法規、各会館の管理規定、建国後の会館工作の資料、会館の石刻などの資料が収められており、千五百頁に近い巨冊になっている。先に紹介した『北京寺廟歴史資料』とは、装丁なども似ていて、姉妹本と言える。さらに、『北京会館資料集成』（学苑出版社、二〇〇七）には、北京にかつてあった「会館」が、その現況とともに網羅的に紹介されている。

このような会館や同業組合の調査を、昭和一七、一八、一九年と、北京でおこない、多数の資料を収集したのが、日本における中国法制史の開拓者であった仁井《にい》田陞《だのぼる》だった。仁井田は、これらの調査を踏まえて、中国社会におけるギルドについて、当時から戦後にかけて、いくつもの論文を発表し、西欧中世社会を特徴づけるギルドが、中国にも存在したのか、それがどのような中国的特徴を持つのか、といった問題を論じている。仁井田の死後、東大の東洋文化研究所に寄贈された会館関係の資料は、『仁井田陞博士輯北京工商ギルド資料集』と題して活字化され、東大の東洋文化研究所から六冊が刊行されている。

仁井田が調査した当時でも、会館が置かれた廟には荒廃しているものが多かったようだが、建国後の北京では、多くの会館や寺廟が、壊されたり、民家などに転用されたりして、そこにあった会館関係の石刻も、今では行く方がわからないものが多い。仁井田の調査収集した資料は貴重なものとなっている。都市改造や文化大革命を経て、それでも生き残った会館や廟の石刻の多くは、現在では北京動物園の裏、五塔寺にある北京石刻芸術博物館の一角に集められている。

仁井田は調査の記録をつけていたようで、資料集にも関係項目の注の形で引用されているが、断片的なので、読み物としてはものたりない。むしろ、昭和一九年秋の調査に同行した奥野信太郎に、「古燕日渉」という文章があって、この調査の日々の様子が書かれている。中国文学者として、あるいは随筆家として有名な奥野は、当時輔仁《ほじん》大学教授として北京に在住していた。「古燕日渉」は、奥野の随筆集『日時計のある風景』に収められている。建国前のことだから、廟は宗教施設としての機能は維持してはいたが、民家に転用されるだけではなく、工場になったり、倉庫になったりして、行事のある時だけ使用されるという状態になっていた廟もすでに多かったようだ。民家の一隅から関帝像をさがし出したり、鉄屑が積み上げられていて石刻の調査に苦労したりしている。

いい機会だと思って、地図を横に置いて、「古燕日渉」を読みなおしてみた。会館のほとんどは外城にあったのだが、描写されている調査の道中を読むと、まだ畑なども多く、今日とは異なってのんびりした光景であったことがよくわかる。この日録には、調査のこと以外にも、途中の食事や帰りに見た芝居の話なども書かれている。読んでみられると、新旧の対照が面白いと思う。

東岳廟

朝陽門外東岳廟

まずは、次頁の写真を見ていただこう。二〇〇八年の春に、北京朝陽門外の東岳廟《とうがくびょう》で買ってきたものだが、ご存じだろうか。これが何か、ということは後で書くとして、東岳廟そのものの話からはじめたい。これまでにも、東岳廟については何度か触れてきた。私がこの廟にかなりの関心を持っているからだが、それはなぜか、というあたりも書いておかないといけないだろう。

東岳廟は、地下鉄朝陽門駅から通州への街道を東へ一〇分あまり歩いたところにある。長い間対外開放されず、門は閉ざされたままだったが、一九九九年の春節から、北京民俗博物館として公開されている。それ以前にも、琉璃瓦の牌楼が、朝陽門の交差点から行くと右側に立っているのに気づかれた方は少なくないだろう。この道が廟の境内を横切って通ったために、牌楼だけが道の向かい側に立つことになったと聞いた。

かつての北京城内外に数えきれないほどあった寺や廟のうちでも、東岳廟はとくに有名だった。その理由はいくつかあるのだが、毎年春節に開かれる廟会の盛んだったことが、まず一つある。北京城とその近郊で有名な廟会としては、東便門外の蟠桃宮、西便門外の白雲観、そして朝陽門外の東岳廟の廟会だった。だから、再公開されてからは、春節や中秋節の東岳廟では、いろんな民俗行事がおこなわれている。ちなみに、白雲観は北京の有名な観光地の一つで、現在でもたくさんの人を集めているが、蟠桃宮は東便門のロータリーのど真ん中に立つ石碑だけを残してすっかり地上から姿を消してしまったことは、前の項に書いた。

東岳廟の人気の背景には、もう一つ、祀られている主神の東岳大帝が、人々の信仰を広く集めたということもある。東岳大帝は、水木しげるの漫画『悪魔くん』に登場するのでおなじみだろうが、もともとは、山東省の泰山《たいざん》の神だった。だから泰山府君とも言うが、泰山が五岳《ごがく》（古代から信仰を集め、皇帝が祀ることに定められた、東岳、西岳、南岳、北岳、それに

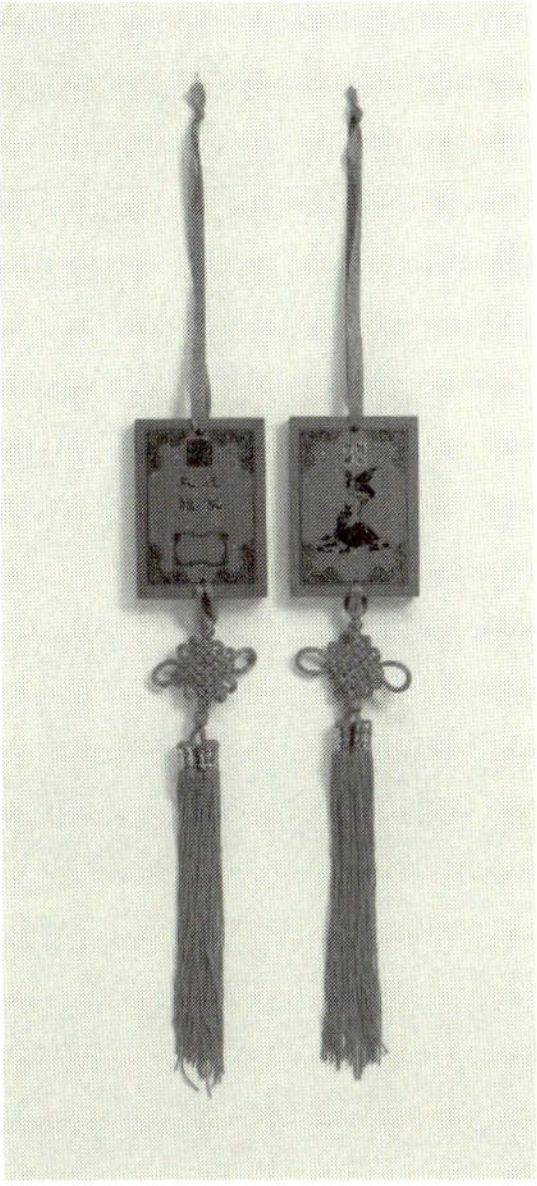

これはなんでしょう？

東岳廟七十六司の神々

中岳の五つの名山）のうちの東岳にあたるので、東岳大帝とよばれる。東岳大帝は冥土の神で、人の生死をつかさどり、この世の罪人をあの世で罰する神でもあった。夜、東岳廟の前を通りかかると、罪人を責める音が聞こえたという話は、中国の各地にある。

ちなみに、罪人を裁く神としては、もう一つ城隍廟の神がある。澤田瑞穂の『憶燕集』によれば、昔の北京では、東岳廟のほかに、外城崇文区の江南城隍廟にも同じような伝説があったと書かれている。

東岳廟七十六司

東岳廟に祀られているのは、本尊にあたる東岳大帝だけではない。両脇の廊下にはたくさんの神々が祀られていて、その数は七六ある。これを東岳廟七十六司（あるいは七十二司）と言い、いろいろな神様がいる。正直なところ、どのような取り合わせになっているのかよくわからないが、東岳大帝があの世の統括者として、いろいろな裁判や行政をおこなうのを助ける役割を受け持っているもののようだ。昔からこの七十六司は有名で、その一つ一つの神様を考証した、『東嶽廟七十六司考証』という本が、一九一九年の序文で出版されていて、神様たちの写真も載せられている。

神前に捧げられた祈願札

たくさんの神様がいるということは、人々のさまざまな願いに答えてくれる神様がいるということで、人々は、本尊の東岳大帝や財神に参拝するだけでなく、自分の目的に適った神様に祈願をする。その時に使われるのが、写真で紹介した木の札だというわけだ。札の表には、「金榜題名《きんぼうだいめい》」と書かれ、裏には「戴福還家《たいふくかんか》」（福を戴いて家に帰る）とあり、印章が書かれていて、「東岳廟」と読める。値段は、たしか二枚一組で一〇元。札の表側には下の方に名前を書く場所があって、本来ならそこに名前を書いて、本尊の東岳大帝やその他の自分が祈願したいことがある神様の前の柵に結びつけるようだ。札がいっぱい結び付けられているのが、写真でおわかりいただけるだろうか。この絵馬のようなものが、いつごろからはじまったかはわからないが、戦前に撮影された『東嶽廟七十六司考証』の写真には、それらしいものは写っていない。ちなみに、再開された東岳廟でも、この七十六司は色鮮やかな像となって、昔どおりに祀られている。

ついでながら、同じようにたくさんの像が並んでいる場所としては、白雲観の六十本命像がある。白雲観の奥の方に、后土殿《こうどでん》という建物があって、こちらは、甲子からはじまって、六十の干支《かんし》のそれぞれの守り神が並んでいる。まだ中国で宗教の復活が顕著ではなかった一九八六年に白雲観に行った時に、この建物だけが別料金だったのに、かなりの人が入っていた。おそらく自分の干支の神様にお祈りするのであろう。その盛況に驚いたのを記憶する。

戦前に小柳司気太《こやなぎしげた》という学者がいた。日本における道教研究の草分けのような人だが、一九三五年（昭和一〇年）に白雲観を詳しく調査して、その報告書である『白雲観志』という本を出版した。日本では国書刊行会から復刻が出ているが、中国でも最近出た『中国道観志叢刊』（江蘇古籍出版社、二〇〇〇）に収められている。というのは、ほとんど全部が漢文で書かれているからだ。『白雲観志』には、東岳廟の調査の報告も附載され、付録として『東嶽廟七十六司考証』も収められている。

江南城隍廟

この本のもとになった一九九八年一二月の『北京かわら版』の連載に、私は次のように書いた。

すべての寺廟が地上から姿を消したわけではない。現在の北京でも廟の建物が用途を変えて生きている。簡単に廟の建物の名残りを見ることができる場所としては、前門飯店の南、虎坊路の突き当たりにある、現在では民家になっている建物をお勧めする。南向きなので、一つ南の南横街の方から正面へ回らないとわからないが、よく見ると、軒先に「江南城隍廟」の文字が見える。この廟は、かつては八大胡同の小姐《シャオジエ》たちの信仰が篤いことで有名だった。隣の建物には「天斉」の文字もあるが、これは、人の生死をつかさどる神様の東岳大帝を祀る廟の名前である。

そして、二〇〇四年三月の旅では、今度こそはかねて気になっていた南横街の現状を見ておこうと思っていた。南横街は古い民家が多い地区で、再開発が進んでいる。江南城隍廟は、民国時代の地図を見ると、かなり広い敷地だったようだから、余計に気にかかった。

城隍神は都市の守護神であり、冥界の知事でもある。「昼は知事が支配し、夜は城隍が支配する」という言葉もある。知事と同じなのだから、その町その町によって祀られている神様が違うし、人事異動があって、時には神様が変わることもあった。夢の中で天帝からの使いにお前は〇〇県に任命されたと言われ、知事になれるのかと思って喜んだら、赴任日として指定された日に、その人は死んだ、どうも、城隍神に任命されたらしい、といったたぐいの話がたくさんある。辞令を確認したら同姓の別の人だった、日付の日に様子を見に行ったら、お葬式をしていた。というのもある。

北京には、大興《だいこう》県と宛平《えんぺい》県（北京の城内は、行政区画としては大興県の部分と宛平県の部分に分けられていた）の城隍廟のほかに、復興門内の成方街、今の長距離電話局の裏あたりに「都城隍廟」があった。都は、ミヤコではなくスベテの意味で、全国の城隍廟の総本山だ。そしてもう一つ、この南横街に江南の城隍廟の行宮《こうぐう》があった。なぜか知らないが、江南の城隍神だけは都城隍廟に祀られず、ここに祀られていたという。

清朝の康熙年間（一六六二〜一七二二）に建てられたというこの廟が有名なのは、一つには、清明節、中元節、一〇月一日に開かれる廟会のこともあったが、ここが、北京の歓楽街である八大胡同の女性たちのお参りする廟だったからでもある。その日には、小姐たちの焚く紙銭の煙がたちこめたという。

その理由として、彼女たちが死ぬとこのあたりに葬られたことを挙げる文献もある。たしかにこのあたりなら八大胡同から近い。外城、とくに南半分は低湿地だったせいか、昔から墓地が多く、民国時代の地図を見ても、広安門大街から南になると、たくさんの墓地が表示されている。これらの墓地が整理され郊外に移されたのは、建国後のことだという。八大胡同の小姐たちは美女の産地とされる蘇州出身を名乗ることが多かったから、「江南」城隍廟に葬られたのだろうか。また、ここは俳優たちのギルド（戯行）の人々が信仰する廟でもあった。前々項で触れた『仁井田陞博士輯北京工商ギルド資料集』の第六巻に、この廟の調査記録が載せられている。神様は夫婦で祀られており、喜神殿には枕が二つ並んでいると仁井田に教えたのは、「老北京」として有名であった石橋丑雄だったと書かれている。石橋丑雄の『北京遊覧案内』（日本国際観光局、一九三四）には、「此所の夫人は神秘的伝説の所有者で」とあるので、八大胡同の女性たちとの因縁には、もっと深いものがあるのかもしれない。

外城にたくさんあった寺や廟と同じように、この江南城隍廟も建国後は民家として使用されていた。ネットで調べると一九九七年の南城の史蹟調査という記事があって、江南城隍廟には、「破損して民家となっている」と注記されている。私も九四年に訪れているが、民家の中にその名残りら

江南城隍廟跡地のマンション建設現場（2004年3月）

しい建物がまじっていた。その時のことを書いたのが、冒頭に引いた文章だ。

その後このあたりを通りかかると、ビルの建設が目に付くので、江南城隍廟の運命が気になっていた。それで、あわただしく様子を見に行ったのだけれど、結果は写真のとおり。マンションの建設現場となっていて、予想どおり廟は地上からその姿を消してしまったようだ。そばに老人公園があって、老人たちが朝の体操をしていたが、私の語学力では、廟の運命を聞くことはできなかった。

護国寺

二〇〇四年六月二〇日の早朝に、西城区の「護国寺大院」にあった工場から火が出て、寺の建物の一部が燃えたという記事が、新聞に載った。ネットで見た範囲では、『京華時報』の記事が詳しくて、焼け落ちた建物の写真も載っていたが、『北京日報』や『北京晩報』の扱いは小さく、住宅密集地域での火災という視点が主で、文物への言及はわずかだった。新聞に今回焼失したと書かれている「西配殿」は、いつの建物かわからないが、翌日に北京市文物局長が現地視察して、市の保護文物に指定されている「金剛殿」は無事だったことを確認したと、記事にあった。

北京の市中には史蹟がたくさんあるが、その中には有名なものもあれば、無名のものもある。故宮や天壇は有名どころだが、護国寺は無名の方の代表かもしれない。護国寺という地名は、バスの停留所の名前になっているし、護国寺街には人民劇場があるから、地名をご存じの方もいらっしゃるかもしれない。私が通りかかったときは、京劇版の「図蘭朶公主《トゥーランドット》」をやっていた。

一二八四年に創建されたという護国寺は、明清の時代に大規模な改修がおこなわれているとはいうものの、北京城内に残された数少ない元代の遺構で、一九三五年に建築史学者の劉敦楨《りゅうとんてい》が発表した調査報告によれば（『劉敦楨文集』第二巻所収）、当時はまだ南北に並んでいた伽藍のうちには、部分的ながら元朝の建物も残っているとされている。

今の北京の街と、そのもととなった明清の北京城は、元の大都の上に乗っかっている。言いかえると、元の大都が今の北京の原点なのに、今日の北京城内に大都の名残りはあまりにも少ない。故宮や鍾楼、鼓楼、あるいは孔子廟や国子監は、場所はそのままだが、元朝時代の建物そのままではない。一九六〇年代の西直門立体交差の工事の時に、地下から元の和義門の下半分が見事な状態で出土したが、撤去されてしまった。今なら大騒ぎになって、保存どころか全体を復元して観光地にしたことだろう。

現在北京城内にある元朝時代の建物としては、白塔寺（妙応寺）の白塔と、この護国寺くらいしかなさそうなのだ。白塔は遼代に創建された寺だが、現在のものは元代の建築で、大聖寿万安寺という勅命で建てられた壮大な寺院の一部だった。しかし、白塔寺にも当時の建物は塔しか残っていない。白塔寺の方は有名で、最近では整備されて境内も広がったし、建物も増えた。それと比べると、同じ元代の建物でも、護国寺は無名に近い。わざわざ見に行く人もいないだろうし、行っても見栄えのする建物でもない。とは言っても、護国寺は北京城内で最古の建物の一つであって、これだけの文化財なのだから、同じようなことが日本で起これば、もっと大きな記事になると思うのだが。

護国寺金剛殿（2004年9月）

もっとも、護国寺は民国時代にはすでに荒廃していた。私がいつも参考にする『北京案内記』の石橋丑雄の解説には、「此等の主なる部分は民国以来荒廃に荒廃を重ねて殆んど倒壊し」と書かれている。たしかに民国時代の写真を見ると、寺の諸殿は、屋根の中央部が崩落していたり、壁しか残されていないものもある。

火事のニュースを聞いて今のうちにと護国寺に出かけたのは、二〇〇四年の九月だった。護国寺を訪れたのは、これが初めてではない。一九九二年にもこのあたりをうろついたのだが、道を間違えて行きつけなかった。今回は、「護国寺金剛殿」にたどり着けたが、劉敦楨の調査によれば、この建物は明代のものだということだ。修復はおこなわれているようだが、残念ながら鉄柵に閉ざされて、「参観謝絶」と書かれた板がほこりをかぶっていた。それでも、柵ごしに建物の姿を見ることはできた。

この建物のまわりには、境内と言えるようなものはなく、工場や小さなホテル、民家に取り囲まれて、お堂だけがぽつんとあった。現地へ行くと、周辺にはかつては寺の一部だったのではないかと思われる緑の瓦屋根の家があるが、すべて民家や工場になってしまっている。この火事では狭い路地が消火を妨げたようだ。

護国寺が史蹟として有名なのは、その建物だけではなく、たくさんの元明時代の石碑のゆえでもある。民国時代の写真には、建物の正面にいくつかの石刻が立つ姿が写されている。とくに、直訳体（硬訳体）と呼ばれる独特の文体で翻訳された元の皇帝の命令が刻された石碑が有名なのだが、これらの石刻は、今はどこに保管されているのだろうか。倉庫然となってしまっている堂内なのだろうか。北京では、石刻は石刻芸術博物館や孔子廟へ移して保存されることが多いようだが、そのどちらにも問題の碑があるという情報はない。

私の知る限りでは、日本の研究者で戦後に護国寺に調査に入った人はいない。なにしろ街の中心部だ。誰も見ないうちに護国寺全体がこの世から消えてしまうようなことだけは、ないようにしてほしい。

国子監と孔子廟

現在では、首都図書館は華威橋の東側、三環路を挟んで潘家園の古物市場の反対側にあるが、少し前までは、地下鉄の雍和宮駅から南に歩いたところにある国子監が、首都図書館だった。隣の孔子廟が首都博物館で、二つ並んでいた。首都博物館の方も、二〇〇六年に阜成門外、軍事博物館の近くに新築されて移転、公開された。国子監は国家の設けた最高学府で、北京のこの場所に、国子監と孔子廟が並んで設けられたのは、一四世紀のはじめ、元の大徳という年号の時代にさかのぼる。それ以来、明、清とこの場所に置かれた。

首都図書館が国子監へ引っ越してきたのは、一九五七年のことだという。図書館として建物が使われていたころも、敷地に入って建物を見ることはできたが、図書館が出ていってからは、科挙や教育についての博物館として公開された。二〇〇四年九月に私が訪れた時には、天子が経書の講義

国子監の辟雍

をした建物、辟雍《へきよう》が展示室として使われていた。内部の展示はほとんどが複製や写真で、特別感心するようなものはないなと思っていたら、二〇〇八年春には展示がなくなっていた。

辟雍は平面が正方形の独特の形をしており、『礼記《らいき》』の記事に則っている。現在の建物は乾隆五〇年（一七八五年）に建てられた。辟雍の建物の中に入ると、中央に講壇が設けられていて、天井には歴代の天子の御筆の額が掲げられている。国家の学問の中心であるとされた辟雍なので、中国歴代の王朝が都に設けた。後漢から晋の時代の辟雍の遺蹟が洛陽で、北魏時代の遺蹟が大同で、それぞれ発掘されたという報道を見たことがある。

辟雍の奥にある建物は、なにかの教室に使われているらしく、先生が授業している声が聞こえた。まだ、学校としての役割をはたしているようだ。

ところで、国子監で見つけたのが、写真の光景。辟雍を取り巻く堀の橋の欄干に、赤い物がぎっしりと結び付けられている。「福」の字が書かれた赤い板で、裏に願いごとが書かれている。日本で言えば、合格祈願の絵馬というところだろう。「清華、北大」の名が見えるのはともかく、「順利出国」（うまく出国できますように）とあるのは、いかにも当世らしい。ヒモは板の上下につけられているのに、「福」の字が逆さになっているのは、お正月の「福」の字と同じ意味だろう。東岳廟

橋の欄干に結びつけられた祈願札

のところで紹介した「金榜題名」の木札とよく似ている。ただし、二〇〇八年一月に行ってみると、橋に結び付けられた木札はすっかり姿を消していた。かわりに、孔子廟に木札を結びつけるためのスペースが作られていたが、だいぶ規模が小さくなっていた。

つい先だってまで首都博物館だった孔子廟の売り物は、たくさんの石碑、とくに科挙のたびにその合格者の名前を刻して立てられた「進士題名碑」や清の乾隆石経《せきけい》だ。石経はもともとは国子監の敷地にあったもので、一九五六年に国子監と孔子廟との間の通路に移したのが、現在の展示場所らしい。昔の案内書を見ると、乾隆石経は国子監のところで紹介されている。進士題名碑も、今の場所がもともとの位置ではないようだ。進士題名碑については、次に詳しく紹介する。

こうした石刻をふくめて、今後、孔子廟や国子監がどういう形で史蹟として景観整備されるのか、楽しみだ。首都博物館が移転した後、孔子廟は修復工事をしていたが、二〇〇八年には、美しくお色直しをした姿となっていた。古木が立ち並ぶ境内は、有名観光地にしては静かで、街歩きの途中の落ち着ける場所だった。それが、これからも続くことを祈りたい。

進士題名碑

最後の進士題名碑

図版の拓本を見ていただきたい（二三五頁）。これは、清朝も末期の光緒三〇年（一九〇四）の「進士題名碑」、つまり科挙合格者名簿の石刻の上半部だ。光緒三〇年の科挙は、西太后の七〇歳を祝っての臨時の科挙（恩科）だったが、清朝最後の、つまり千数百年の科挙の歴史で最後の科挙となった。

碑の上部には、大きな字で「光緒三〇年の恩科は、五月二二日に天下の貢士《こうし》譚延闓《たんえんがい》等二七三名を試験し、第一甲には進士及第を賜り、第二甲には進士出身を、第三甲には同進士出身を賜った」とあり、状元《じょうげん》（首席）の劉春霖《りゅうしゅんりん》以下、二七三名の名前と本籍が並ぶ。劉は辛亥革命の後には、大総統府秘書、農事試験場長などに就いたが、あまり目だった活動はしないまま、一九四四年に死んでいる。一方、題字に名前の見える省元《しょうげん》（礼部の試験での首席）の譚延闓は、最終試験の殿試では二段目に名前があるが（第四七位）、軍閥の割拠する中国の統一を目指した蒋介石の北伐が完成した後に国務院院長（首相）となった。また、三段目の一〇人目（第九六位）の沈鈞儒《しんきんじゅ》は法務方面に進み、中華人民共和国建国時の最高法院院長。建国式典で天安門の楼上に並んだ一人で、当時の写真や映画に、あごひげを生やしたその姿が見える。最後の科挙の合格者のその後は、じつに多様だ。また、探花《たんか》（第三位）の商衍鎏《しょうえんりゅう》は、『清代科挙考試述録』を編み、科挙研究の基本文献となっている。

劉春霖が状元になったのは、状元候補の朱如珍《しゅじょちん》の名前に珍の字があるで、光緒帝の寵愛を受けていた珍妃を義和団の乱の時に殺した西太后が嫌って、傍眼《ぼうがん》（第二位）とし、また、省元の譚延闓が、戊戌《ぼじゅつ》の政変で処刑された譚嗣同《たんしどう》と同姓なのをやはり嫌ったためだった、という話がある。

進士題名碑とは

孔子廟の大成門《たいせいもん》の外には、多数の石碑が並んでいる。元の時代に孔子やその父母に称号を与えた詔勅の石碑や、近年北京市内で発掘されてここに移された石碑などもあるが、その大部分は、進士題名碑、つまり元代から清朝末に至る科挙の合格者を記した石碑だ。『図説北京史』（北京燕山出版社、一九九九）によれば、現在、孔子廟には、全部で一九八の進士題名碑があり、合計五万一六二四名の進士の名前が確認できるという。後で触れるように、元朝の碑が一つある以外はすべて明、清のもので、明の永楽一三年（一四一五）以降のほとんどの科挙の題名碑が残っている。

光緒 30 年の進士題名碑の拓本の上半部
（『北京図書館蔵中国歴代石刻拓本匯編』）

科挙の制度がはじまったのは、隋代のことだった。それから光緒三〇年の最後の科挙まで、この制度は継続した。一〇世紀、北宋の太宗の治世に、皇帝を試験官とする殿試《でんし》が創設され、合格者が数百人にのぼるようになってからは、官界の主流は彼らによって独占された。いやしくも知識人の家に生まれた男子ならば、あるいはその知的才能を周囲に認められた者であれば、科挙に挑戦し、「進士」となることは、当然の目標であり、三年に一度の科挙には、地方試験の段階では数十万の受験生が受験した。

何度も試験を繰り返し、最終合格者として「進士」の学位を勝ち取った数百人には、合格者の発表の後、皇帝が主任大臣を任命しておこなわれる「恩栄宴」をはじめ、その栄誉を称える行事が続く。その一つが、石碑に名を刻して、国都の国子監に長く名を留めることであった。そのための費用は皇帝から下賜された。もっとも、経費節減のために自弁になった時期や、その時には立てることができずに後になって立てられたこともある。

宋代以降（元朝はさておくとしても）、科挙を通過することが、高級官僚へのほとんど唯一の道だったから、基本的な人名資料としての利用価値が進士題名碑にはある。歴史上の人物で、この碑に名を留めている人々は少なくなく、一つ一つの碑を見ていくと、知っている名前に出会う。題名碑に見える人名については、中国で、『明清進士題名碑録索引』（上海古籍出版社、一九八〇）が編まれており、題名碑が現存しない科挙も含めて、ある人物が何年の進士かを検索できるようになってい

孔子廟に並ぶ進士題名碑

る。また、進士題名碑そのものについては、『（光緒）国子監志』（二〇〇〇年北京古籍出版社校点本あり）、『北京市史稿』（一九九八年北京燕山出版社校点本あり）、『北平金石目』（国立北平研究院、一九三四）などにリストと解説があって、一つ一つの碑名、撰者、立碑の年月、記文の有無などを知ることができる。

「至正十一年進士題名碑」の価値と謎

孔子廟に並ぶ進士題名碑のうちで一番古いのは、元の至正一一年（一三五一）の進士題名碑だ。元朝では、科挙のたびに進士題名碑が立てられていたことは文献で確認できるのだが、明になると、元朝の進士題名碑の文字は削り取られ、明の進士題名碑の材料とされたという。現在では、元の進士題名碑はこの至正の碑しか残っていない。この碑は、孔子廟の本殿にあたる大成殿の裏にある孔子の父を祀った啓聖祠《けいせいし》という建物（今は事務室として使用）の工事現場から、清朝の康熙三一年（一六九二）に出土したものだと伝えられている。

元朝の科挙については、法制面では、『元史』や『元典章』などに詳細な規定が収録されているが、個々の科挙の実際については、書物の形で残っている『元統元年進士録』（一三三三）と並んで、この碑が重要な資料となっている。しかも、この至正一一年の科挙については、試験官の一人である周伯琦《しゅうはくき》が試験期間中に作った詩と序が残っていて、試験を実施する側からも見ることができる。

この碑には、まず、科挙実施の経緯を書いた「記」があり、その後に、蒙古色目《しきもく》と漢人南人とに分けて、合格者の名前が書かれている。後で書くように剝落があるので人数の確認はできないが、『元史』によれば、この年の科挙の合格者は八三名だったということだ。元朝の科挙では、支配民族であるモンゴル人、早くからモンゴルに服属し、その支配体制を支えた諸民族の人々（色目人）と、漢民族（漢人・南人）とでは別枠で扱われ、前者は試験の負担も軽くなっていた。そして、合格者数についても、バランスが取れるように配慮がおこなわれていたとされる。ただし、至正一一年の場合は、拓本で見るかぎり、第一甲一人、第二甲五人は同数だが、合格者のほとんどを占める第三甲では、あきらかに漢人・南人の方が多くなっている。

この科挙がおこなわれた至正一一年から、モンゴルが中国から撤退するまでには一五年を残すのみだから、進士合格者のその後の運命もさまざまだった。漢人南人の状元であった文允中《ぶんいんちゅう》は、高位合格者の常として、宮中の学問の官である翰林修撰《かんりんしゅうせん》に任じられた後、四川に赴任して元末の反乱の中で死んでいる。元末の戦乱で元朝に殉じた人に進士が少なからずいたことについては、清朝の考証学者として有名な趙翼《ちょうよく》が、『廿二史劄記《にじゅうにしさっき》』に書いているが、彼もその一人となった。

このように、歴史的に見て貴重な資料である「至正十一年進士題名碑」だが、最初にこの碑に注目した清朝の碩儒銭大昕《せんたいきん》が、「元碑は已《すで》に存在しない、後人の重刻であり、誤字が多い」と言うように、かなり問題がある。たとえば、文字が一字分しか残っていない不完全な人名があるが、剝落などではなく、はじめから刻されていない。これは、おそらく原碑がすでに剝落していて文字が読めなかったためと考えられ、銭大昕が言うようにこの碑が後代のものであることが確認できる。康熙年間に出土したという碑はどこへ行ったのだろうか。そして、現在の碑は、いつ、誰が作らせたものだろうか。そもそも康熙年間に出土したという碑は、元朝時代のものだったのだろうか。

進士題名碑を見ていて、香港から来た親子と居あわせたことがある。ご先祖は清朝の進士で、その名前を見に来たのだと言う。進士題名碑は今でも生きている。

北京の石刻と碑林

北京の石刻の数

私は研究の材料として「石刻」をよく使う（「石碑」の方が通りはいいのだろうが、「碑」つまりかまぼこ板のような石が立っているという形式ではないものもあるので、私たちはこう呼ぶ）。石は腐ったりするものではないから、石刻は永久に残りそうなものだが、実際にはいろいろな理由でこの世から消えてしまう。比較的新しい時代のものはともかくとして、私が対象としているのは元朝、つまり一三世紀後半から一四世紀後半までの約百年間で、今から約六、七百年前だが、この時代の石刻で現在も北京に残っているものは、私が各種の文献で調査した限りでは、一部分しか残っていないものを入れても、一五〇そこそこだ。これは、昔の北京城内（現在の二環路の内側）の数字ではなく、順義や通州、房山などの郊外の地区を含めた、現在の北京特別市全体の数字なのだが、多いと思われるか、少ないと思われるか、どちらだろうか。

とくに城内の石刻が、おどろくほど残っていない。明のはじめに北京の城壁を再構築した時に、ありとあらゆるものを城壁の材料として放り込んだのが、一つの理由だろう。建国後、城壁を撤去した時にいくつもの石刻が発見されている。また、新しい石刻を作るのに、既存の石刻の表面を削って再利用することも多い。

石は動く

石と言えば、まず重いとか、動かない、というイメージがある。しかし、実際には石はあちらこちらと移動する。たとえば、護国寺には多くの石碑が立っていたことは戦前の写真で確認できるが、現在その姿は見えないことは、護国寺のところですでに紹介した。写真は、外城の西南の宣武区にある法源寺に現在では立っている、海雲和尚の碑。海雲は一三世紀の曹洞宗の僧で、華北仏教界の大立者として、モンゴルが中国を支配した初期には、対漢民族政策に大きな

改修中の海雲和尚碑（法源寺）

影響を与えた。碑には長文の伝記が記されていて、貴重な資料だ。この碑は、もとは西長安街の双塔寺にあり、半分は地中に埋もれていたのだが、戦争中に掘り出された。双塔寺と言ってもご存じない方が多いだろう。天安門から西へ走る西長安街の、北京図書大廈の西側（横二条）あたりには、かつては道に突き出す形で二つの塔が並んでいて、長安街はそこで道幅を狭めていた。一九五五年に長安街の拡幅のため双塔は取り壊されて、この碑は北海公園の天王殿に移された。そして、中国仏教協会の置かれている法源寺に、最後の落ち着き先を見つけたのだった。人の背よりもはるかに高い、両面にびっしりと文字の刻された石碑だが、北京城内を南北にさ迷ったわけだ。そして、二〇〇八年春現在は保存設備のための工事中で、資材に取り囲まれて立っている。

有名な西安の碑林は、北宋の時代に城内城外にあった石刻を孔子廟に集めたことからはじまっているから、千年近い歴史がある。北京でも、最近見つかった石刻は、白石橋の石刻芸術博物館（五塔寺）や孔子廟に集められることが多いようだが、文献で紹介されたもののどこへ行ったかわからないものもある。

石は動くのだ（動かされると言ったほうが正しいが）。

石碑の用途

もう一つ写真を見ていただこう。次に紹介する昌平区の石刻園で見かけた石碑だが、まだ地面に寝かされたままだった。写真では見えにくいかもしれないが、表面に中国将棋の盤が彫りこまれている。中国を旅行していると、石刻が「利用」されている場面に出くわすことはめずらしくない。公園でおじいさんたちがトランプをしているテーブルが石碑だったり、西安の華清池で発掘現場をのぞこうと上に立ったベンチの板が、よく見ると石碑だったり、というような話は、よくある。いずれも私は実際に目にした。扉やまな板、さらには文字が刻まれて表面がデコボコしているのをさいわい、脱穀に使われることもあるという。

表面に将棋盤が刻まれた石碑

前近代の中国では、あるいは現在の中国でも、公的、私的のさまざまな機会に、石に文字が刻されて、立てられたり、地中に埋められたりしてきた。石に文字を刻するのは、それが永久に残ることを願ってのことだが、話はそんなに甘くない。もしそれが全部そのまま残っていたら、中国は石刻だらけになってしまう。しかし、現実にはそんなことはなく、石は消えていく。だからこそ、碑林が設けられ、石刻が保存される。

石は腐らない。倒れれば割れるかもしれないが、なくなってしまうわけではない。では、どのようにして石碑は消えていくのか。

考えてみていただきたい。石碑は、大ざっぱに言って、幅八〇センチから一メートル、高さ一・五〜三メートルくらいの、かまぼこ板のような石の板だし、お墓に納められる墓誌は、一辺が八〇センチくらいの正方形の石版だ。こんな手ごろな石材は、そうあるものではない。中国は「地大物博」だが、平原地帯で石材を手に入れるのは、たやすいことではない。ということは、石材が必要な時には、手近の石刻を流用するのが、いちばん便利だということになる。

碑文の主人公であった、皇帝や高官、将軍、あるいは神様……、その権威が消えてしまえば、石はしょせん石だ。水利工事や建築の材料などとして「消費」されることもあった。雲南省昆明では、新築のスタジアムの座席から大量の元朝時代の石碑が発見されたというし、明代に作られた北京の城壁が一九六〇年代に撤去された時にも、中からいくつも元朝時代の石碑が出てきている。

しかし、石碑の最大の敵は、なんといっても石碑だ。石碑の材料として、石碑ほど適切なものはない。すでにある石碑の表面を削って流用すれば、わざわざ石を切って成形する必要はないし、まわりの装飾もすでにできているから、手間がかからない。先ほど書いた進士題名碑での石碑の使い回しなどは、その代表的な例だろう。

昌平石刻園

昌平区と言っても、北京に縁のある方以外はどこにあるかもご存じないだろう。市内中心部からだと、西北西にあたる。私がすぐに思い浮かべるのは、長城へ行く時に必ず通る街ということだ。明の十三陵も昌平区にある。

二〇〇四年の末ころだっただろうか、昌平に碑林ができたという情報が、友人から飛びこんだ。昌平区のあちこちに金や元時代以来の石碑があるのは、文献で前から知っていた。そうした石碑がここに来ている可能性があるので、二〇〇五年の二月に調査に出かけた。

昌平の碑林は、昌平旧城内にある昌平公園の一角にあって、正式には「文物石刻園」と呼ばれている。昌平区の文物部門で手に入れた『昌平文物工作』という雑誌の記事では、昌平区内に散在する石造物を保管するために碑林が設けられたのは二〇〇〇年。その後も収集は続けられており、区内で発見された石刻が石刻園に移送されているようだ。

現地に行ってみると、たしかに公園の一角にたくさんの石刻が並んでいる。とくに塀があったりするわけではない。ただ石刻を囲むように鉄柵が作られていた。これは石刻を使って体操などをする人がいるからだと、『昌平文物工作』で読んだ。まだ整理が終わったわけではないようで、地面に倒れたままの石碑もあるし、亀趺《きふ》（石碑を上に載せている亀）などの、石刻のパーツがたくさんころがっている。

昌平石刻園

昌平の碑林には、元朝時代の石碑が二つあった。そのうち、二〇〇〇年五月に昌平区の辛店《しんてん》の工事現場から出土した「昌平県創建石橋記碑」は、高さが二・五メートルくらいある立派な碑だった。一三三七年に、大都（北京）から夏の都だったモンゴル高原のドロンノールに行く街道に橋がかけられた時の記念碑で、まだ学界に紹介されていない新資料だ。北京からモンゴル高原へのルートにあたる昌平ならではのものだろう。

昌平へ調査に行った日は、三月としては寒風が強く吹く日で、碑のまわりには雪がかなり残っていたが、いい天気だったので、この碑を撮影して帰って、読解のテキストにしようという計画は、まずまずうまくいった。石刻は動かせないし、拓本を入手するにはいろいろ難しい問題があるので、私たちの研究グループでは、デジカメで石刻を撮影して帰り、プロジェクターで大型スクリーンに写して、共同で読んでいくことが多い。

光線のかげんでうまく読めない箇所もあったので、六月にもう一度昌平に行ったが、石刻園に変化はなく、その三ヶ月ほどの間に整備が進行した気配はなかった。

密雲碑林

昌平以外にも、平谷や密雲など北京の郊外の各地に碑林ができている。二〇〇六年には、密雲の碑林に調査に行った。密雲の旧城内の孔子廟跡が図書館になっていて、その前庭に石刻が並んでいた、ここでも四つの元朝時代の石刻を見ることができた。とくに「修建霞峯《かほう》観《かん》碑」は、戦前の地志に載ってはいるものの、その内容については検討されていない石碑で、当時の大都および大都周辺地区の詳細な地名を知ることができて、貴重な史料だと考えている。

このように北京の周辺部の各地に碑林ができてきたのは、北京の市域が拡大して、あちらこちらに露天で立ったままになっている石刻が、交通や都市開発の障害になったり、保管上の問題が生じるようになってきているからなのだろう。

南新倉

東二環路の東四十条《トンスーシーティアオ》ロータリーの内側、オフィスビル建設工事現場の塀の向こうに、日本で言えば昔の小学校の木造校舎のような大きな建物がいくつものぞいていた。二〇〇五年の三月のことだった。北京のことだから木造ではなく灰色のレンガ造りだが、これは南新倉《なんしんそう》という建物群だ。

中国歴代の国都には、皇帝一族はもとより、官僚や軍隊が集中しているから、膨大な消費人口をかかえることになる。だから、中国各地からそれを支えるための食料やその他の物資が集まってくる。

華北に国を建てた隋や唐は、都の長安に、中国各地、とくに江南から、大量の物資を大運河、黄河を経て運んできた。洛陽まではいいのだが、長安へは険しい山を越えないといけなかったから、大量輸送には適さない。集められた物資は、洛陽の含嘉倉《がんかそう》という倉庫に集積された。一九七〇年代には、洛陽で二百をこえる巨大な唐代の穴倉が発掘されて世界を驚かせた。最近また、隋の時代の倉庫穴が発掘されたという記事も見た。洛陽駅近くにある唐代の含嘉倉は、現在では整備されていて、見学できるそうだ。

北京ではどうだったろうか。明、清時代でも、農業生産の中心地は江南だった。租税として集められた穀物は、船に載せられて大運河を北上した。物資は通州から通恵河を経て北京城を取り巻くお堀（護城河）に入り、東四十条のあたりにあった大倉庫群に保管された。

清朝時代には、朝陽門から東直門にかけて、城内だけでも、旧太倉、禄米倉、南新倉、海運倉、興平倉、太平倉（のちに城外に移る）、富新倉、北新倉と、倉庫群が並んでいて、それぞれに数十から、中には百近い倉庫が建てられていた。清代の規定には、倉庫の寸法まで細かく定められている。今でも、北京内城の東北部には、東門倉胡同、南門倉胡同、北新倉胡同、海運倉胡同といった地名が残っている。

巨大な倉庫群なので、清朝が滅んでも利用された。民国時代の地図を見ると、学校だったり軍隊の施設だったりする。建国後もいろんな機関に利用されていて、一部の建物は残っているとは以前から聞いていた。参観の手立てはないかと考えたのだが、機会にめぐまれないままだった。ところが、東四十条の内側の平安里大街をタクシーで走っていたら、それと思われる建物が見えたのだ。翌日飛んで行った。

ビルの工事現場なので、これも消えてしまう運命なのか、と思っていたら、内部を改装してそのまま再利用するらしい。工事現場を囲む塀に完成予想図が描かれていた。すでに一部改装済みで現場事務所に使われていたが、室内は倉庫の木組みをそのままむきだしにしてあって、なかなかおもしろい。日本では、レンガ造りの倉庫をそのまま使うのが流行ったが、それと同じセンスだろうか。東四十条はいくども通っているのに、倉庫に気がついたのは、この時がはじめてだった。以前は高い塀に囲まれていて目立たなかったのが、工事のために塀がなくなっていて見ることができたのだろう。

南新倉の倉庫群

礪波《となみ》護《まもる》さんが洛陽の含嘉倉についての論文を書かれた時、復元の材料として、『乾隆京城全図』の倉庫群の図を使われているのを見て、北京にもこんな倉庫があるのをはじめて知った。もう二〇年以上前のことだ。それからずっと気になっていたのが実現した。

写真は、再開発のなった二〇〇八年一月の南新倉の光景。倉庫の建物を利用して、ギャラリーやレストラン、劇場なども入って、オフィス街の一角に独特の空間が出現している。

東交民巷散策

北京で在留邦人の方々にお会いする機会にホテルを尋ねられると、宿は崇文門の新僑飯店で、選んだ理由は東交民巷《とうこうみんこう》にあるから、とお答えするのだが、わかっていただけない。新僑飯店も老舗になりすぎたかなと思う一方で、東交民巷がどんな所かご存じない方がほとんどなのに驚いた。

東交民巷は通りの名前で、崇文門の一つ北、同仁病院の南、新僑飯店の北からはじまって、台基《だいき》廠《しょう》、正義路と交差し、天安門広場に抜けている東西の道だ。もともと外国からの使節を迎える施設があったこの一帯には、清朝の末期には大使館や公使館が集まるようになっていた。そして、一九〇〇年の義和団事件では、北京在留の外国人がこの地区に籠城したことは、映画『北京の五十五日』でご存じの方も多いだろう。事後に結ばれた北京議定書によって、北は長安街、東は崇文門内大街、南は城壁、西は公安街（現在では天安門広場ができて、この道の線までが広場になった）のブロ

旧横浜正金銀行支店

天主堂

ックは公使館区域とされ、城壁で囲まれただけでなく、中国人の居留は禁止されて、列国は治外法権と駐兵権とを有していた。そして、この区域全体が東交民巷と通称された。

東交民巷は、両側の並木から張り出した枝に覆われた静かな通りで、現在でもかつて公館や銀行だった洋館造りの近代建築が少なからず残っている。西へ歩いていくと、最後に坂を下って、天安門広場の眺望が開けるのは、気分がいい。この一角にある近代洋風建築には、北京市人民政府となっている旧日本大使館をはじめ、旧フランス大使館、旧ベルギー大使館（前門大街に面している）などのかつての公館のほか、天主堂（台基廠の角、日曜日には礼拝に参加する人々が見かけられる）、旧横浜正金銀行支店（正義路の角、今も銀行）などの建物がある。正義路をこえて西へ行くと通りに面して立つ北京警察博物館は、かつて花旗銀行、つまりシティーバンクだった建物を再利用したものだ。中の展示もなかなかおもしろい。さらに、正義路と前門大街との角の華風賓館は、旧六国飯店（ワゴンリーホテル）で、北京飯店よりも古い歴史を持つ北京有数のホテルだったが、今の建物は戦後に建て直されたものだ。

静園川菜（フランス郵便局跡）

その東交民巷で、一軒のレストランを見つけた、店の名前は、静園川菜。冷菜二皿、豆腐料理に肉料理、麵の小椀、それにビールは燕京純生二本を頼んで、三人で八〇元。まあそんなものだろう。どこにでもありそうな、普通の四川料理屋さんだ。味は悪くなかった。問題は、料理よりもその建物。北京市の文物保護単位に法国郵政局旧址（フランス郵便局跡）として指定されており、その建物をそのまま使っているらしい。もちろんかなり改装されているのだろうが、建物内の柱が洋風なのは、かつてのなごりなのだと思う。窓枠もそういった雰囲気をただよわせていた。東交民巷に残された洋館建築は、現

静園川菜の窓枠と「法国郵政局旧址」のプレート

在では政府や機関が使用しているものが多いので、このように中へ自由に入れる建物があるのは嬉しい。

フランス郵政局というのは、清朝末期に中国へ進出した各国が中国各地に開設した、自国の郵便局のうちの一つで、北京には、アメリカや日本の郵便局もあった。このような外国郵便局の歴史とそこから出された郵便物については、中国切手のコレクションとして世界的に有名な水原明窓《みずはらめいそう》コレクションの図録『華郵集錦』（日本郵趣出版）で見ることができる。

地下鉄の新線もできてますます便利になったので、その後も私は新橋飯店に泊ることが多く、北京の友人たちとの食事にこの店を重宝している。

城壁のある暮らし

北京の中軸線

かつて、北京の中軸線である前門大街をまっすぐ南に行ったところに、永定門があった。北京城外城の中央の門で、北京の正門とでも言うべきものだったが、他の城門と同じように一九六〇年代に取り壊されたらしい。それが今回、北京市政府の北京の中軸線を強化する政策の一つとして再建されたというので、二〇〇四年九月に現地へ行ってみた。すでに外部を覆っていたシートがはずされていて、南の城壁跡を走る二環路からも、門の姿は見えた。ただし、門の外形はできあがっているものの、二環路のロータリーの工事も一緒にやっていて、だだっ広い工事現場が広がっていた。

完成した永定門に登ることができれば、天気のいい日なら前門の箭楼と向き合う形でおたがいに見えるはずだ。明清の昔と違って高い建物が多いとはいえ、北京南部のランドマークになるだろう。さらに南の延長線上には、皇帝が天を祀った燕墩《えんとん》があって、これも整備中と新聞で読んだ。

故宮の午門も公開するという新聞記事を読んだことがある。二〇〇八年春現在確認できていないし、当然まだ登っていないが、永定門と午門がもし公開されれば、北京城の中軸の南北約八キロの間に並ぶ一〇の楼閣、永定門、箭楼、正陽門、天安門、端門、午門、神武門、鼓楼、鍾楼、徳勝門の完全踏破が達成できるのを楽しみにしている。中軸線以外では、西の城外にある月壇も、ずっと転用されていたのが現在復元工事中と新聞記事にあったから、もう公開しているのではないだろうか。全楼登上と、五壇登頂（天壇、地壇、日壇、月壇、先農壇、あと社稷《しゃしょく》壇《だん》があるがこれは上に立てない）は、かねての私の願いだったが、あと一息。

復元工事中の永定門（2004年）

中国の都市城壁

なぜ、高い所に上がりたがるのか。ま、「〇〇と煙は高い所に上がりたがる」と言うから、それで説明がつかないでもないが、もう少し、研究にひきつけると。

　日本と中国ではともに漢字を使用し、中国から伝来した物質文化も多い。しかし、その一方で我々の日常感覚にはほとんどなじみのないものも、中国には少なくない。都市を囲む城壁もその一つだ。旧中国の都市のほとんどは城壁に囲まれていた。城壁は、土を固めて作られた壁を、中国のレンガである磚《せん》で覆って作られている場合が多く、城壁の周囲は護城河と呼ばれる堀が取り巻いているのが一般的だ。城壁に囲まれた都市の広さは、多くの場合その都市の行政上のランクに対応していた。

　城壁の門は夜になると閉じられ、夜が明けると開かれる。それを告げるために、城内には鼓楼、鍾楼があるのが普通で、「晨鍾暮鼓《しんしょうぼこ》」といい、朝は鍾で夕刻は太鼓で時を告げるのが、古来の習慣だった。城壁は姿を消していても、ランドマーク的な性格を持つ鼓楼、鍾楼が、街の中心部に今でもそびえる都市は、北京や西安をはじめとして少なくない。北京の鼓楼や鍾楼は、上に登ることができる。現在の場所を地図で見ると城内としては北に偏っているように感じるが、ここに鼓楼、鍾楼が置かれた元の大都の時代は、城の空間が今の北京城よりずっと北に広かったからだ。

　つい数十年前までは、中国のほとんどの都市を囲んでいた城壁は、中華人民共和国の建国後、大部分の都市では交通の障害として撤去され、大都市で城壁を完全に残すのは、古都西安のみであり（南京もかなり残る）、中小都市でも、湖北省の江陵や、世界遺産の町として今や大観光地になって

徳勝門

東南角楼

しまった山西省の平遥など、ごくわずかしかない。ただし、部分的に城壁が残存したり、城門（あるいは門楼）を残す都市は少なくない。

北京の城壁の復活

北京の場合は、天安門広場の南端、地下鉄の前門駅のところに、正陽門（前門）とそれを護る箭

明城牆遺址公園

楼が並んで立つ。これがかつて北京城を形成していた城壁の名残りの一つで、そのほか北の城門である徳勝門、内城東南角の角楼が現存する。一方、城壁は一九六〇年代に撤去され、現在では自動車専用道路の二環路となり、下を地下鉄が走る。現在でも城壁が残るのは、日本人観光客のよく利用する長富宮飯店の西、建国門交差点の南西角の観象台跡の南北に走る部分と、北京駅の南側の東西に走る部分のみだとされていた。ただし、北京駅の南側のものは民家に覆われてほとんど見えなかった。あと、内城西南角の部分がわずかに残るのが、二環路を走ると車から見える。夏はビヤホールになるという噂を聞いたが、現地確認はしていない。

ところが、一九九〇年代後半になって、観象台のすぐ南側に、南北に走る城壁の残存が、建物の一部として利用されていたのが発見された。これがきっかけになったのだろうか、城壁復元への運動がはじまった。当時の新聞報道によれば、城壁撤去の際に持ち去られたかつての城壁の磚を回収するキャンペーンがおこなわれ、六万塊の磚が集まったという。一九六〇年代に城壁を取り壊した時に出た大量の磚は、建築材料に流用されただろうし、民家を建てるための材料として城壁の磚を抜き取ることは、昔からおこなわれていたようだ。西安では抜き取り禁止の通達が城壁に貼られているという。さらに、二〇〇〇年秋には、城壁西北角の西直門あたりの工事現場から数万塊の磚が出てきたという報道もあった。そして、民家に覆われてほとんど見えなかった北京駅南側の東西に走る城壁は、民家を撤去し、修復されて、東南角楼から北京駅の南側あたりまで、「明城《みんじょう》牆遺址《しょういし》公園」としてよみがえった。

限られた数の城門からしか市街地に出入りできない城壁の存在が、近代都市にとっては交通の障害であることは確かだが、その一方で、城壁が都市に住む人々にとっては精神的な拠り所としての意味を持っていることが、このキャンペーンから感じ取れる。

居庸関今昔

二〇〇四年八月二六日の『北京晩報』、二七日の『北京日報』に、「居庸関《きょようかん》長城博物館」がオープンしたという記事が載っていた。北京で一二七ヶ所目の博物館だという。史蹟が博物館として公開、活用されるのはいいことなのだが、記事を読んでいて気になりだした。

というのは、一九九六年に居庸関を訪れた際、周辺が工事の真っ最中だったからだ。城門まではじめていた。一九八六年に私がはじめて居庸関に立った時、まわりには民家以外は何もなかった。九六年に工事されていた建物は、見覚えのないものばかりだった。

私の記事の読み方が間違っているのかもしれないが、この博物館は、後で紹介する雲台《うんだい》のほかに、長城をはじめ、城隍廟、真武廟、玉皇廟《ぎょくこうびょう》といった屋外建築物をふくめての総合的な展示だと書かれている。最近の『北京交通遊覧図』には、各観光地施設の地図が載っているが、それを確認

居庸関雲台（1986年）

すると、居庸関のところには、たしかにさまざまな建物が書きこまれている。雲台の周囲にそんなものがあったのだろうか。もう何年かしたら、一見しただけでは、どれが昔からの建物かわからなくなるだろう。戦前の写真を見ると、雲台を通る街道の両側には民家が連なっている。その中にあった廟を復活させたのだろうか。上の写真に写っているのは一九八六年の雲台の光景。一方、次頁は九六年の写真だが、たくさんの建物ができている。右側の山の稜線を比較していただければ、同じ場所だということは、おわかりいただけるだろう。

中国では昔の建造物の復活は珍しいことではない。前の項目で紹介した永定門の「復活」もそうだが、日本で言う修復なんかとは違って、昔の装いで新しい建物が建てられる。だから、よくあること、と言ってしまえばそれまでなのだが、居庸関だけは私にとって特別な場所なので、とても気にかかる。

居庸関について簡単に書いておこう。北京市内から八達嶺へ向かう高速道路や京包線の列車が、峠越えのための谷に入ってしばらくすると、左手の一段高いところに、石造りのゲートのようなものが見える。正確には見えたというべきかもしれない。復元？された城壁のために、今では見えなくなっているだろう。それが、居庸関雲台だ。

「工事中」の居庸関（1996年）

近づくと、ゲートの入り口には、ガルーダや四天王の美しい浮き彫りがあり、通路の壁面には、漢字、ウイグル文字、チベット文字、ランチャ文字、パスパ文字、西夏文字の六つの文字で、びっしりとお経が彫りこまれている。北京地区に残る数少ない元代の建築だし、このお経が西夏文字解読のきっかけの一つとなった。一三四五年に建てられた時には、この上に塔が立っていた。

一九四三年には、村田治郎、藤枝晃などの先学による調査がおこなわれ、戦後になって巨冊の報告書『居庸関』（京都大学工学部、一九五五）が刊行されて、学士院賞を受けた。戦前に日本が大陸でおこなった学術調査の成果の中でも、もっともすぐれたものの一つと評価されている。

私は、はじめて居庸関に立ち寄って雲台の上に立った時、ここまで来れた感慨で目が潤んだ。大げさなと言われるかもしれないが、中国へ旅行することは可能性すら想像できなかった時代に学生時代を送った私は、先人が調査した史蹟に自分が立っていることだけで感動した。藤枝さんには個人的にお世話になっただけでなく、戦前の中国での調査の思い出話のインタビューを計画し、原山《はらやま》煌《あきら》氏と二人で、当時の手帳を拝見しながらお話をうかがったりした。お話の後半の張家口の西北研究所時代の部分は活字にしたが（「西北研究所の思い出」『奈良史学』四、一九八六）、居庸関調査についてては、まとめきれないままで終わった。私にとっては、北京の史蹟のうちでも居庸関は特別の場所なのだ。

ずっと前は、雲台の下をくぐりぬける道が八達嶺への街道だったそうだが、私がはじめて行った一九八六年には、自動車道路はもう少し山側を通っていた。そのせいか、私たちの一行が雲台を見物している間、他の観光客は誰も来なかった。もちろん柵もなにもなく、勝手に見物し、勝手に雲台の上に登った。その後に行った時も、街道を観光バスが通り過ぎることはあっても、他の観光客が来ていることはなかった。高速道路ができた最近ではどうなのだろう。

私は、次に機会があったとしても、居庸関へ行くだろうか。

あとがき

もしあなたが中国研究者で、北京にいつでも無料で使えるバストイレつきのベッドルームがあったら、しかも地下鉄至便。夢のような話だが、ある会社の中国総代表だった櫻井澄夫さんから、必要なときはマンションの一室を提供していただけた私は、まさにそのような機会に恵まれた。私にとって、一九九〇年代は、北京の一〇年だった。

櫻井さんのお引き合わせで、北京駐在のビジネスマンや北京で働いている邦人の方々と知り合えて、同じく中国に関わっているといっても、別の世界の見聞を広めることができた。そうした中のお一人が、『北京かわら版』の根箭芳紀さんだった。それから先、この本のもとになったコラムの経緯は、「はしがき」に書いた。

なるべく旬のネタをと、自転車操業であくせくしながらやってきたから、毎回、話はあちらへ飛びこちらへ飛びで、まとまりのないことおびただしいが、それなりに愛着があり、何らかの形で残しておきたいと考えていたら、大修館書店の小笠原周さんが、テーマごとに整理し、つなぎあわせてくださった。それをベースに、小笠原さんがかつて担当しておられた『月刊しにか』をはじめ、いろいろな雑誌に書いたものも取りこんで再構成していただいたのが、この本のかたちでまとまった。それぞれの原載は、「初出一覧」として、この後に掲載している。

一五年という長い時間の間には、私自身にも関心の対象に変化が生じているし、表現にもブレが発生している。なにより北京そのものが変わってしまった。旬のネタだったはずが、賞味期限切れとなってしまったものも多い。わかる範囲ではアップトゥーデートしたつもりだが、不十分だと思う。数年前までは毎日、北京と台湾の新聞をネットでウオッチしていた。それが、このコラムの大事な情報源だったのが、目や神経への負担がつらくなり、いつのまにかストップしてしまった。引用している記事の日付が古いのは、そのせいだ。すべてを洗いなおす必要があるのだが、それはできていない。「初出一覧」に掲載年月を表示したのは、それへのいささかのいいわけでもある。

この一五年あまり、北京ではいろいろな方にお世話になった。なによりも、櫻井澄夫さん。北京についての彼の豊富な知識と、その部屋、さらに人脈がなければ、そもそもコラムは成立しなかった。そして、のちに櫻井夫人となり、今年はじめに若くして亡くなった李（櫻井）艾華《アイホウ》さんが、途中で加わった。櫻井さんと根箭さんは名コンビで、毎晩のように飲み、かつ論じておられた。その席にご一緒するのは、北京での最大の楽しみだった。

コラムを継承してくださった大西編集長をはじめとするトコトコ編集部の皆さんには、連載中、いや今も、お世話になっている。二〇〇〇年前後の我が家の事情によるブランクと、櫻井さんの転勤による離燕があっても、北京行きは続いた。新たにサポートしてくださっている方に、北京へ行けばかならず付き合ってくださって、新しい北京の情報を私に与えてくださるフリーライターの浅井裕理《ゆうり》さん、蘇州に遷られたが北京暮らしの長かった野口朋子さんがいる。お二人とも、ネットが取り持つご縁だ。こうしてみると、北京でお世話になる方には、女性が多い。北京に暮らし、働く日本人女性たちの元気さには、いつも感心する。そして、その時その時に北京に留学中の若い研究者の諸君が、誰かしら調査に付き合ってくださった。こうした方たちの協力があったからこそ材料が集まり、一六二回の連載は休載なしで続けてこれた。お礼申し上げたい。

森田憲司

二〇〇八年六月

【初出一覧】 本書に収録した諸篇は、左記の各誌・刊行物に発表した文章をもとに加筆・再構成したものである。誌名の後の数字は掲載誌の年・月号を、Kは『北京かわら版』、Tは『北京トコトコ』を示す。

中国収集モノ語り　入場券の話＝K96・5／00・11▼糧票の話＝T01・9／01・10／01・11▼紙銭の話＝K95・6／95・7／95・8／T02・1／07・12▼古文書は煙と化した？＝T02・2▼門神と年画＝『月刊しにか』94・12／K98・1／T07・3／07・4▼陞官図の話＝K95・10／95・12／98・1／T05・1▼科挙の合格通知＝T04・6／04・7▼北京の古物市場＝文部科学省科学研究費特定領域研究「東アジアの出版文化」報告書『社会史資料としての出版』05・3／『奈良史学』21号（03・11）▼紙屑の山＝T03・11

地図で見る北京　地図に見る北京の変化＝『アジア遊学』40号（02・6）／T01・12／03・8／08・2▼史蹟が増えた？＝K01・3／T02・4▼地図の発行部数＝T03・10／04・3／08・4／08・5▼現存最古の北京地図＝K00・3／00・4▼現存最大の北京地図＝K93・10▼民国時代の北京郊外図＝T02・3

絵図と写真で見る北京　『万寿盛典』を見る＝K00・5／00・6／00・7▼『鴻雪因縁図記』の北京＝K99・4／99・5▼絵葉書と写真帖＝K94・1／94・3／94・4／00・1-2合併号▼人民英雄紀念碑のてっぺん＝T04・4▼写真で見る一九五〇～六〇年代の北京＝K99・10／99・12▼城壁の消えた都市＝K01・1-2合併号

北京旧景――旅行記・案内記で読む北京　長城に遊んだ日本人＝『アジア遊学』49号（03・3）▼小湯山の温泉と離宮＝K99・8▼房山遊記＝K99・7／T06・2▼『燕塵』の日々＝『彷書月刊』04・8▼中野江漢と『北京繁昌記』＝K94・7／95・2▼民国時代の鉄道旅行案内書＝T02・7／02・8▼琉球の使者の北京遊記＝K98・8

北京史蹟探訪記　北京の寺廟と会館・公所＝K98・12／99・1／99・2▼東岳廟＝K00・12／01・4▼江南城隍廟＝K98・12／T05・7▼護国寺＝T04・8／04・12▼国子監と孔子廟＝T05・3／07・5▼進士題名碑＝『月刊しにか』01・3▼北京の石刻と碑林＝T05・2／06・3／06・4▼南新倉＝T05・4▼東交民巷散策＝T05・8▼城壁のある暮らし＝T04・11／「歴史が語る都市　北京と平遥」（『世界遺産と都市』風媒社）▼居庸関今昔＝T04・10

[著者略歴]

森田憲司（もりた　けんじ）

1950年、大阪市生まれ。1979年京都大学大学院文学研究科博士課程中退後、奈良大学史学科に赴任し、現在は同文学部史学科教授。専門は中国近世史、とくに石刻史料を通して見た知識人の社会と文化。著書に『元代知識人と地域社会』（汲古書院）、共編に『中国の歴史・下［近世―近現代］』（昭和堂）。北京で発行中の日本語フリーペーパー『北京トコトコ』に、「中国を見る読む集める」を連載中。

〈あじあブックス〉

北京《ぺきん》を見《み》る読《よ》む集《あつ》める

NDC220／x, 268p／19cm

初版第一刷――2008年7月25日

著者――森田憲司《もりたけんじ》

発行者――鈴木一行

発行所――株式会社大修館書店

〒101-8466 東京都千代田区神田錦町3-24

電話03-3295-6231（販売部）03-3294-2353（編集部）

振替 00190-7-40504

［出版情報］http://www.taishukan.co.jp

装丁者――下川雅敏

印刷所――壮光舎印刷

製本所――ブロケード

ISBN978-4-469-23305-6　Printed in Japan